イマームアリー像

12 人のイマーム

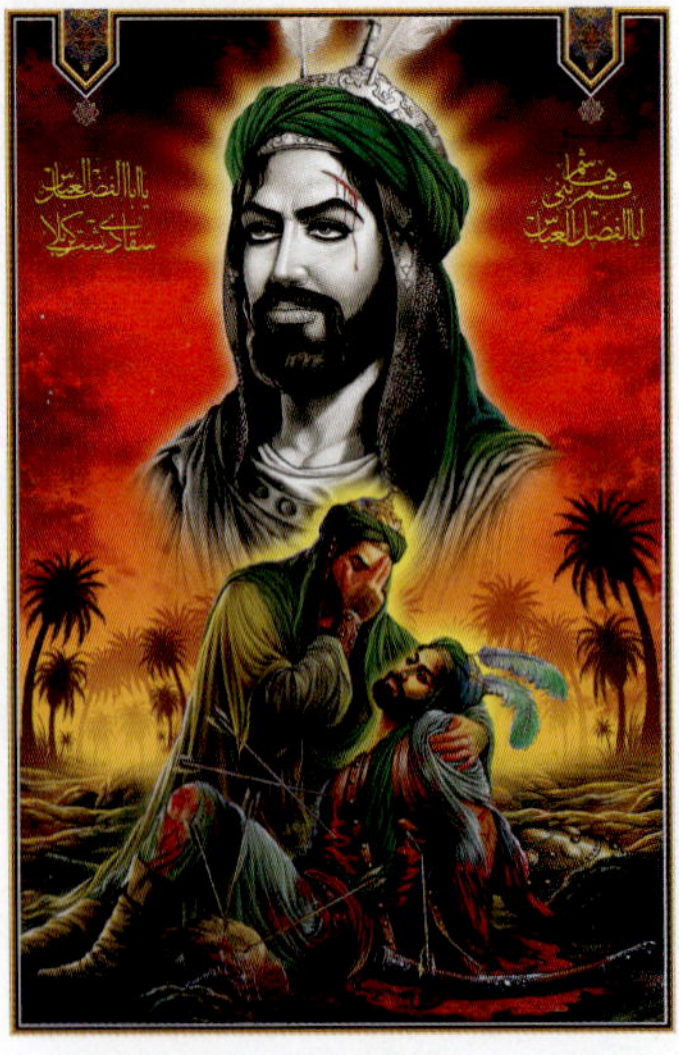

カルバラーの悲劇（ホセインと
ハズラテ・アッバース）

はじめに

二〇〇六年九月現在、中東を中心とする国際政治上の重大な問題を拾い上げてみよう。イラク問題、イランのウラン濃縮問題、レバノンのシーア派民兵組織ヒズボッラー、アフガニスタンでタリバン勢力復活の兆候、そして積年の懸案であるパレスチナ問題……本書の関心であるイスラームの観点から明瞭に読み取れるのは、これらの問題群の中で多かれ少なかれイスラーム、とりわけシーア派が関わっている点である。前三者においては、絶対不可欠な要素としてシーア派がある。

しかしながら、わが国をはじめとして、シーア派に関する理解はどの程度なのだろうか。例えば、イラク問題の報道について、その最初期から筆者にはまったく不可解な分類方法が採用されている。つまり、イラクを勢力範囲に分けるとき、「スンナ派」「シーア派」「クルド人」という用語が平然と用いられている。宗派と民族を混同して理解不能なものにしているのである。クルド人とはアラブ人とはまったく異なるイラン系の言語を話す民族である。もちろん彼らはイスラーム教徒で、シーア派もスンナ派もいる。

それではこの分類法はいったいどのような基準で使われているのだろうか。教義、民族、政治、経済、社会、いずれに基づく分類なのだろうか。おそらく、この分類は、外来の西洋式分類法に基盤をもつのであろうが、筆者の印象からいえば、政治、経済的利害関係に着目した分類である。全般的に、イラクではフサイン政権時代、政治、経済、社会的にシーア派信者は不遇な立場にあった。これが前政権崩壊によってスンナ―シーア派関係が逆転した結果、これまであまり重要視されなかったシーア派に注目が払われるようになった。そこへ別の抑圧されていたグループ「クルド」が入り込んだ。マスコミの分類はこの混乱した状況を反映しているようである。実は、「スンナ派」信者と「シーア派」信者がそれぞれの信条に従って異なる立場の人々に敵意を抱き、争っているとは考えにくい面がある。彼らは居住区も分離しておらず、通婚すら行なわれているという報告がある。

さらに、次の二項目（ウラン濃縮問題とヒズボッラー）は、イランが直接関わっている。イランはいうまでもなくシーア派最大のグループ、十二イマーム派を国教とする国家であり、それは一六世紀初頭のサファヴィー王朝以来の伝統である。一九七九年、世界の人々を震撼させたイスラーム革命以来、およそ三〇年にわたり宗教学者が国政を担うという近・現代世界史上稀有な政治体制を採用する国家である。イランがこのような政治体制を採用するにいたった背景には、明らかに宗教的、政治的な要因があった（この点は第1章で解説されている）。また、イランがレバノンの反イスラエル民兵組織ヒズボッラーを一九八〇年代初期より軍事的財政的に支援していることはよく知られている。

いったいシーア派とは何だろうか。イスラーム教徒の一〇％を占めるといわれるシーア派を正しく理解することは、現代世界を理解するうえで必須事項の一つである。ただ、シーア派を知るといっても、それぞれの時代の社会、政治的事件の中でシーア派信者の果たした活動を学ぶことだけでは不十分である。少なくとも、これは本書の意図ではない。そうではなく、シーア派の根本を知ることである。本書では、シーア派の根本的特徴を最初期から現代にいたるまで、さまざまな事例を用いて解説する。その結果、現代世界を読み解くキーワードの一つを理解しようというのである。では、本書を貫く問題意識とは何か。次にこの点に触れたいと思う。

テヘラン大学の壁上の落書き

一九七九年の革命後しばらくして、筆者はイランを訪れた。一九八六年の夏のことである。いつものように、訪問地を縦横に何時間も歩き廻る。と、テヘラン大学の敷地、北面の壁に興味深い落書きを発見した。アッラーの統治⇓預言者⇓イマーム⇓法学者の代理統治（velayat-e faqih）と書いてある。わずか四つの語句で、革命の性格、さらに十二イマーム派シーア主義の本質を表現していたので、筆者の目を引いたのである。

スンナ派でもシーア派でも、アッラーが唯一絶対の神であること、ムハンマドが神の預言者であり、彼の後にはいかなる預言者も認めないこと（預言者の封印）、この二点で異論はない。結局、問題は次の段階で生まれたのだ。預言者の後継者は誰か。はたまた、その人物はどのようにして決定されるのか、という問題である。

本書で取り扱うシーア派では、イマームと呼ばれる共同体の指導者が決定的な重要性をもつ。本書の大半は、このイマームの意味を解説することに費やされている。イマームとは、シーア派の意味領域では、単なる礼拝の指導者や「政治的」指導者ではない。彼らは罪を犯すことのない霊的資質を備えた完璧な人間なのである。したがって、イマームたちを説明するには通常の社会、政治的解説と平行して、宗教的、神話的説明が不可避である。さらに、このイマーム論が近・現代の歴史とどのように関わっているのかという問題がある。相反するように見えるこの二つの領域の相関ないし融合の問題を、筆者は学生時代からずっと追い求めてきた。この問題意識を読者に伝えるうえで、本書を一貫する方法的立場について、ここで一言することは無駄ではないだろう。

一般に、私たちがなんらかの決断を下し、行動をおこす要因として、合理的(理性的)判断とイメージに作用された感性的なものが併存している。人間が行動をおこす動機は、けっして一貫した合理性ではない。無論、まったく不条理な感情にのみ支配されているのでもない。おそらく、安定した社会や精神の状態においては、比較的先まで情況を見通せることから、秩序だった合理的制度や思考の影響は大きく、遠くまで及ぶことであろう。一方、これとは逆に、不安定な社会や精神の状況の下では、通常の数量的合理性の法則が貫徹し得ない場合が多いだろう。

ところで、歴史研究においては、ある特定の時代、場所における、主として「異常な」事態について、その原因を合理的に説明し、意味づけを行なう。そして、その際、必ず社会、経済、政治的要因を考慮に入れる。歴史的大事件において、人々がなんらかの判断を下し、その結果行動をおこす場合、そこには必ず数量的に計量可能な要因が存在するからである。その一方で、数量化できない要因も作用している。前者の考え方に基づいて、経済、社会、政治的利害関係に基礎を置いた歴史観が提示されてきた。例えば、生産関係の変化が、社会全体の基盤に影響を及ぼし、社会そのものに変化が生じる、というようなものである。

他方、数量的に計測できない要因に力点を置く立場からすれば、宗教的信念や思想、世界観など、無形の人間の営為が数量的利害関係を、いわば超越した形で作用すると考えるであろう。

おそらく、問題の所在は、両者が分離した形であたかも別個に人間の意思決定や行動に作用するかのように扱ってきた点にあるのではないか。人間の感情や精神の領域から分離したまま、人間の行為が数量的に「合理的に」解釈できると信じられていた時代、また、そのような信念が有効に機能し、社会を支配していたように見える時代においては、明晰性こそ最高の価値であった。そして、そうでないものは誤謬として退けられてきた。

しかしながら、現代社会においては、先行きの不透明感のためであろうか、以上の傾向と平行して、影響力を行使しているのは、マスコミなどを媒介とした「神話的」操作である。数量的合理性が極点にまで達したように見える時代に、神話的手段による訴えが猛威をふるっている。有名人の食べる製品はおいしいと錯覚される。現実に存在しそうもない事柄が、繰り返して放映されることによって、視聴者にはやがて「事実」となる。この傾向は、おそらく常に人間に内在しているのであろう。

思うに、歴史の主体である人間がなんらかの意思決定を行なうとき、それぞれの歴史的状況の下で、理性的判断と並行して同時に程度の差こそあれ、感性的反応を行なってきた。むしろ人間のあり様とはそのようなものであって、どちらか一方の基準だけでは計測し得ない複雑なものなのであろう。

本書の背景にあったのは、このような考えであった。イスラームの国々の歴史を考察する場合、イスラームの国だから単純に宗教的に対処するとか、人間存在の普遍性という観点から、地域的特殊性を一切払拭して、定まった社会、経済法則を用いて解釈するような、一元的、一面的な解釈は成り立たないと思う。無論、歴史は厳密な考証に基づく「事実」に依拠して、解釈がなされねばならない。単なる想像の産物であってはならない。人間のさまざまな活動、とりわけ、生産、分配などの経済活動、政治、社会活動に関して合理的かつ整合性をもつ解釈が必要である。

と同時に、人間の無形の活動、すなわち思想や宗教的信念といったものを軽視することはできないであろう。特に、宗教や芸術のように、おそらく理性に基づく合理的叙述によっては満足のゆく答えが永遠に得られそうもない人間の活動領域に配慮されない時、その歴史解釈は不十分なものであるにちがいない。

歴史の主体である人間は肉体を維持し、より快適な生活を確保するために生産活動に従事する。そこで下される判断とそれに基づく行動は、およそ美的世界からかけ離れた散文の世界である。しかるに、その同じ人間が、歴史のある時点で、いや、平凡な日々の生活の場においても、極めて「非合理的な」直感と感性に従って判断し、行動するのである。

実は、人間は一見対立する二つの要素、しかし必ずしも両者の分離が容易ではない融合状態にある、一つの世界に生きている。その人にとって歴史を生きることは、合理的世界に生きることであり、同時に神話的世界に生きることでもある。

本書で取り扱うシーア派イスラームの信者の生活においても、日常の散文的な生活と宗教的に高揚した感性の世界が不可分に入り組んでいる。彼らがそれを意識的に自覚しているかはともかくとして、歴史の中で繰り返し現出したモチーフから、歴史が神話とどれほど密接に結びついているかがわかるのである。すなわち、シーア派の信者の間では、イマームと呼ばれる聖人に対する信仰がさまざまなレベルで多様な価値を形成してきた。イマームたちが体現した公正や正義（アドル）、信者共同体の福利（マスラハ）、不正（ゾルム）に対する戦い、勇気といった価値は、格別の影響力をもっている。信者の生活の中で、それらは見え隠れしている。この点は歴史の「異常事態」においていっそう明瞭に観察できるのである。

以上の点を明らかにするために、本書は出発点として現代的問題に読者の注意を喚起する必要から、まず宗教学者（ウラマー）を取り扱っている。ただし、第1章が煩瑣でとりあえずシーア派の基本を知りたいと感じられた読者は、第2章「シーア派の歴史―サファヴィー朝の時代まで」から読まれることをお勧めする。第1章ならびに最終章は、イマームの意味がある程度納得された時点で、読んでいただければよいと思う。さらに、通読の過程で、付録「シーア派の基礎用語」は、簡易の辞書のように用いていただければ幸いである。

なお、本書で用いた大半の事例は、筆者が長く関わってきたイランの歴史から取っている。この意味でやや特殊な事例も含んでいるが、全体としては、イスラーム、シーア派の特徴を伝えていると確信している。

シーア派イスラーム　神話と歴史◉目　次

口絵　i
はじめに　iii
第1章……イスラームにおける宗教と政治
——イスラームの学者（ウラマー）とは……3
第2章……シーア派の歴史
——サファーヴィー朝の時代まで……30
第3章……初代イマーム・アリー
——完全なる人間の鑑……57
第4章……三代目イマーム・ホセインとタァズィーエ……90
——歴史の中のパトス

第5章……四代目イマーム、ザイヌル・アーベディーン……117
——イスラームのイラン化
第6章……六代目イマーム、ジャファル・サーデク……137
——シーア派のロゴス的側面
第7章……八代目イマーム、アリー・レザーとその妹ファーテメ……152
——聖都コムの事例を中心に
第8章……十二代イマーム・マフディー……178
——十二イマーム派シーア主義の完成
第9章……イマーム論の現代的意義……196
——現代シーア派思想家によるイマーム論

おわりに　209

付録――シーア派イスラームの基礎用語／中東主要国における宗派の分布／シーア派に関する主な事件／12イマーム派シーア主義基礎信条／参考文献一覧　237 (7)

索引　241 (3)　図版一覧　243 (1)

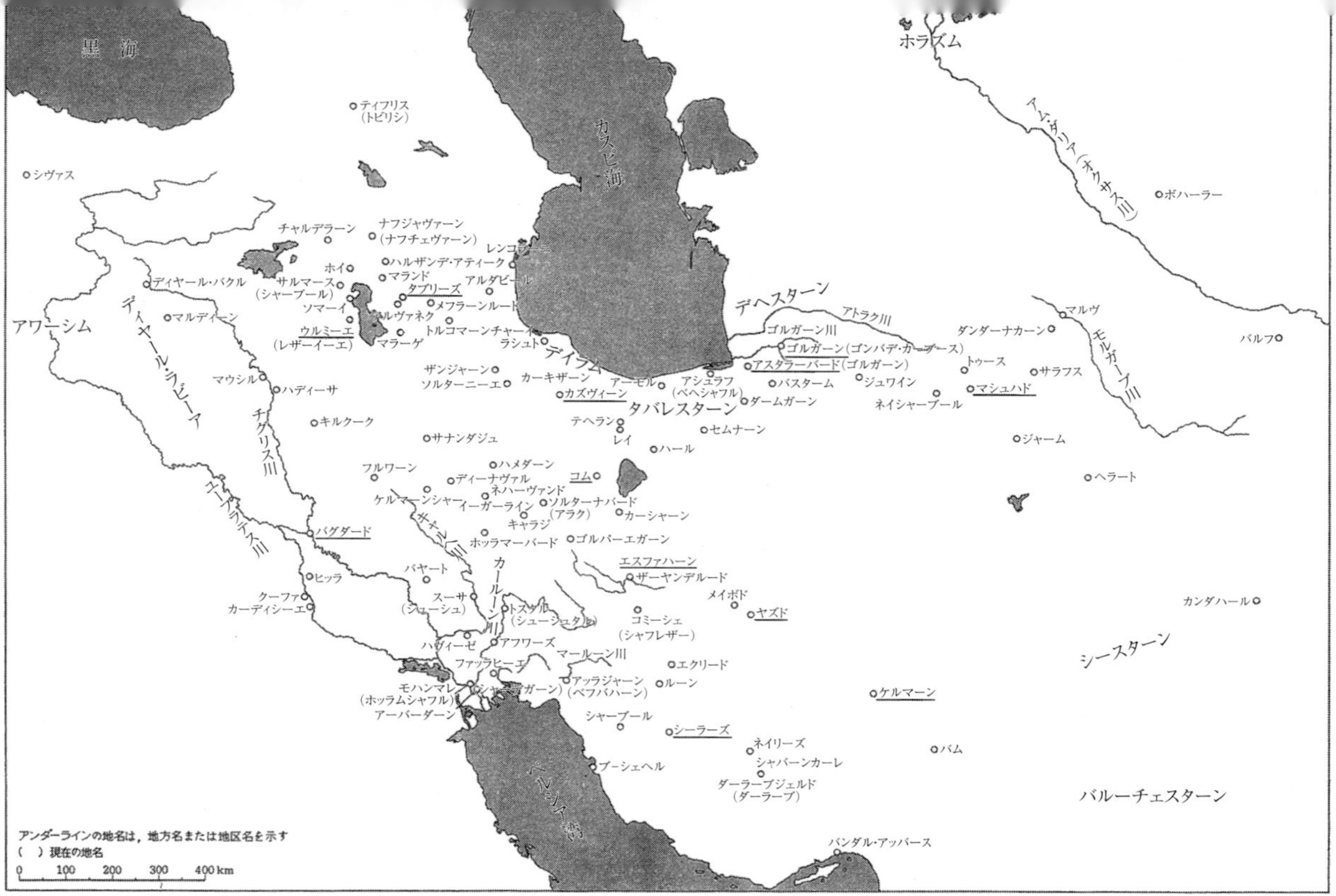

黒海
カスピ海
ペルシア湾
ホラズム
アム・ダリア（オクサス川）
ボハーラー
ティフリス
（トビリシ）
シヴァス
チャルデラーン
ナフジャヴァーン
（ナフチェヴァーン）
レンコラーン
ホイ
ハルザンデ・アティーク
マランド
サルマース
（シャーブール）
タブリーズ
アルダビール
ディヤール・バクル
ソマーイ
メフラーンルード
アワーシム
ディヤール・ラビーア
マルディーン
ウルミーエ
（レザーイーエ）
マラーゲ
トルコマーンチャーイ
ラシュト
デイラム
デヘスターン
アトラク川
ゴルガーン川
ゴルガーン（ゴンバデ・カーブース）
アスタラーバード（ゴルガーン）
マルヴ
ダンダーナカーン
バルフ
モルガーブ川
トゥース
サラフス
ザンジャーン
ソルターニーエ
カーキザーン
アーモル
アシュラフ
（ベヘシャフル）
バスターム
ジュワイン
マシュハド
ネイシャーブール
カズヴィーン
タバレスターン
ダームガーン
マウシル
ハディーサ
チグリス川
キルクーク
テヘラン
レイ
セムナーン
ハール
ジャーム
サナンダジュ
ハメダーン
フルワーン
ディーナヴァル
コム
ヘラート
ネハーヴァンド
ケルマーンシャー
イーガーライン
ソルターナバード
（アラク）
カーシャーン
キャラジ
ユーフラテス川
バグダード
ホッラマーバード
ゴルパーエガーン
カールーン川
エスファハーン
ザーヤンデルード
バヤート
ヒッラ
クーファ
カーディシーエ
スーサ
（シューシュ）
トスタル
（シューシュタル）
メイボド
ヤズド
カンダハール
コミーシェ
（シャフレザー）
シースターン
ハヴィーゼ
アフワーズ
マールーン川
ファッラヒーエ
エクリード
モハンマレ
（ホッラムシャフル）
アッラジャーン
（ベフバハーン）
ルーン
ケルマーン
アーバーダーン
シャーブール
シーラーズ
ネイリーズ
バム
ブーシェヘル
シャバーンカーレ
ダーラーブジェルド
（ダーラーブ）
バルーチェスターン
バンダル・アッバース
アンダーラインの地名は，地方名または地区名を示す
（　）現在の地名
0 100 200 300 400 km

イラン周辺地図

シーア派イスラーム　神話と歴史

第1章　イスラームにおける宗教と政治

——イスラームの学者（ウラマー）とは

二〇〇一年九月一一日、世界を震撼させる事件が起こった。いわゆる「九・一一同時多発テロ」事件である。この時点から、アメリカを中心とするテロリズム撲滅の動きが本格化した。アフガニスタン、ついでイラクは、この動きの直接的対象となった。イラクに対する米国の攻撃、サッダーム・フサイン政府の転覆以後、同国の状況はアメリカ合衆国が喧伝したように、状況が改善し、「民主主義」国家が成立するどころか、問題解決への道はいまだ遠いのが実情である。

マスコミによるイラク報道の中で、シーア派やスンナ派という言葉が日常的に用いられるようになった。さらに、ムクタダー・サドル師やシースターニー師など、イスラームの指導者として宗教学者（ウラマー）の名前が頻繁に登場している。中東地域、特にシーア派世界では、通常の意味で政治家とはいえない人々が、社会で隠然たる影響力を行使しており、日々の生活の中で多数の人々が彼らの指示に従っている。このことは、徐々にではあるがわが国でも知られるようになった。実は、この点はシーア派の大国イランの近・現代史において普通に見られることであった。イランを中心として、イスラームの宗教学者が一国の危機的状況においてなんらかの主導的役割を果たすことは、おそらく、今後も続くことであろう。

本書の主要な目的は、シーア派、特にその最大多数派である十二イマーム派シーア主義の解説である。ただし、現在進行中の時事問題の解説・分析ではなく、あくまでその背後にある信者たちの信仰の中身、つまり、教義や宗教行事などをできるだけ歴史の事実に基づいて解説することである。現実のイスラーム世界における宗教と政治の問題を考える大前提を知ろう、という試みである。

その作業の第一歩として、本章では、十二イマーム派シーア主義が国教として国民の大多数に受け入れられているイランで、実際に政権を担当する宗教学者（ウラマー）とはどのようなグループの人々か、現実の歴史の中で彼らはどのような役割を果たしてきたのか、なぜ彼らは一般信者の間で広汎な影響力を行使できるのか、などについて説明を行なう。これを出発点として、以下の章では、彼らが信者共同体で果たす主要な役割である宗教教育の内容、すなわち十二イマーム派シーア主義の教義的核心部分へと重点を移してゆきたい。その結果、宗教学者（ウラマー）の権威の教義的根拠が理解されるだろう。現代シーア派世界の政治、社会の問題を読み解く根本のところに、宗教学者の役割がある。そうであるならば、それを理論で支える教義の内容と信者の信仰の実態を知ることによって、われわれが今日抱える問題群の中で最も関心度の高いイスラーム、特にシーア派をめぐる問題の地平が読者の前に現われてくるだろう。

1 権力と権威の所在

イスラームにおいて、アッラーはあらゆる権力・権威の源泉であり、他のいかなる者も並置されることはない。しかし、現実に人間は、日々の生活の中でさまざまな活動を行なう。政治活動は、その中で重要なものの一つである。それでは、アッラーに代わって誰が実際に政治を行なうのか。信者共同体の指導者の選出は、権力・権威の「合法性」の問題として、イスラーム史の最初期から重要な位置を占めてきた。イスラームの開祖ムハンマドは、最後の預言者、つまり「預言者の封印」として、神によって召命を受けた人物であったので、彼の宗教、政治的権威を否定できるものはいない。問題は、彼の死後発生した。

ムハンマドの死後、彼の後継者に選出されたカリフは、預言者の政治的機能を果たす役割を引きいだが、預言者のように、神から直接啓示を受ける能力をもたない。彼らの機能は、信者間の社会・政治的問題の差配であって、遊牧部族の首長の役割に近いものであった。「正統カリフ時代(六三二―六六一年)」を通じて、信者共同体を政治的に支配する権威の「委譲」の問題は、ますます深刻化した。

やがて、多数派のスンナ派では、共同体全体の総意(イジュマー ijma)が、法的決定の重要な権威の一つとして承認される。共同体全体の総意とはいっても、実際は宗教学者たちの意見の一致であったが、理念的に法的判断の最終的根拠として信者共同体の意見の一致という原則が確立した。その結果、世俗的統治者は、信者共同体の存続にとってとりあえず必要悪として承認されることになったのである(八―一〇世紀)。

一方、これとは異なった立場が早くから存在した。これがシーア派である。詳細は次章以降の解説に譲るが、歴史的にシーア派の発生は、スンナ派より古く、預言者の生前、すでに存在していた。シーア派存立の根拠は、スンナ派の認める四代目カリフ、アリー(六六一年没)の特異な位置に対する信仰である(第3章)。シーア派では、アリーに先立つ三人のカリフを、彼が本来もっていた預言者の後継者としての権利を簒奪する者であると見なす。つまり、アリーは、ムハンマドの従弟であり、女婿でもあったことから、預言者に匹敵する霊的能力を保持する、最も適正な指導者であると考えるのである。ここに、共同体の総意に対して、個人に対する絶対的帰依の原則ができあがった。この人物を、シーア派ではイマーム(imam)と呼ぶ。ただし、この語は金曜礼拝の導師の意味でも用いられるので注意を要する(巻末用語を参照)。

イマームの教義を中軸とするシーア派の思想、教義は、さまざまな分派を生みながら、発展した。その中で最大の一派であり、現在イランイスラム共和国の国教の位置を占め、イラクにおいても約六〇%を占めるといわれる十二イマーム派の教義が確立されたのは、九世紀末から一一世紀半ばのことであった。

2 十二イマーム派の教義とウラマー

十二イマーム派とは、その名の示すとおり、アリーを含めた一二人のイマームの存在を認めるシーア派の一派である。同派の歴史は、迫害と殉教の歴史であった、といわれる。初代イマームをはじめとして、一二人のイマームの中で自然死を遂げた人物はいないといわれている。とりわけ、アリーの次男で三代目イマーム、ホセインの殉教は劇的であった。彼は、ウマイア朝（六六一―七五〇年）から父の失権を奪還するため、少数の一族の者とともに決起したが、力及ばず、バグダードとクーファの中間点に位置するカルバラーの野に斃れた。ときに、六八〇年モハッラム月一〇日のことであった。この事件の与えた衝撃は絶大で、現在もこの日はイランで最も重要な記念日の一つとなっている。人々は、この日、自らの肉体を鞭や鎖で傷つけることによって、敬愛するイマームの嘗めた悲運を再現する。こうして、彼らはイマームとの一体感を求めるのである（第4章）。

ところで、一一代目イマーム、ハサン・アスカリーは、八七四年他界するが、彼には幼い息子がいると信じられていた。その子は、三〜四歳で死ぬ（七歳または九歳という説もある）。しかし、信者の間では彼は死んだのではなく、「隠れた（ガイバ ghayba）」にすぎず、やがて、この世の終わりに「再臨（ルジューウ ruju）」することによって、公正と公平をもたらし、すべての信者を救済するという信仰が形成された。ガイバとルジューウの教義は、迫害の時代に生きた信者の苦難と苦闘の所産であったが、後代計り知れない重要な意味をもつことになる。つまり、サファヴィー朝（一五〇一―一七二二年）以降の近代において、二つの重要な思想が形成されてくるのである。

一つは、十二イマーム派の共同体にとって真の統治者は「隠れイマーム」のみであって、現世における統治者は、イマームの権威の簒奪者であるという考えである。他は、イマームの不在中、現実に共同体の宗教問題を解釈し、その適用を行なう人物は、宗教学者（ウラマー）であると主張する立場の台頭である。この二つの思想は、表裏を成すものであり、サファヴィー朝末期から、カージャール朝（一七八五―一九二四年）初期（一九世紀半ばまで）にかけて確立された。

ウラマーの権威の高揚によって、やがて、彼らは、信者の社会生活において、政府から独立した影響力を行使することになる。ウラマーは、教義の解釈において理性を用いて自由裁量を行使する権限のあるモジュタヘド（mujtahid）とこれより下級のモッラー（molla）に分類できる。さらに、宗教法の解釈を行なうファキーフ（faqih）、法令を発布するムフティー（mufti）、法を行使するカーズィー（qadi）、礼拝の導師ピーシュナマーズ（pishnamaz、イマームともいう）、説教僧ヴァーエズ（vaez）など、ウラマーは職能に従って分類できる。この他、彼らは、人々の日常生活の諸問題に関する相談や、婚礼・葬儀などを取り行なうことによって、人々と密接に結びついていた。その結果、彼らは、イラン近代・現代史上、特筆に値する重要な役割を果たすことができたのである。

婚姻契約の様子

3 ウラマーの政治参加——反タバコ利権闘争と立憲革命

シーア派については、イスラーム共和革命や現行のイラク情勢において、宗教学者（ウラマー）の役割がわれわれの目を引く。実はこれ以前に、ウラマーが政治指導者としての力量を遺憾なく発揮した実例がいくつもあった。反タバコ利権闘争や立憲革命である。反タバコ利権闘争とは、一八九〇年、イラン国王ナーセロッディーン・シャーが国内産タバコの生産、製造、販売に関するすべての権益を一人の英国人に譲渡したことに端を発している。たかが煙草ぐらいで、という印

カージャール王朝４代目シャー，ナーセロッディーン・シャー．外国人に利権を与え，海外旅行を好んだ．1896年5月，暗殺．

反タバコ利権闘争の指導者シーラーズィー

象を与えるかも知れないが、この事件の意義は、当時のイランの国内的・国際的諸条件を総合的に考慮に入れてはじめて明らかになる。イランは、当時カージャール王朝の支配下にあった。同王朝は、中央集権国家とはほど遠く、地方は有力知事によって分断され、他方、各地の遊牧部族は、略奪を行ない、事あるごとに中央政府から離反する傾向にあった。地方からの徴税は円滑に行なわれず、たえず国庫は窮乏状態にあった。それにもかかわらず、国王は、外国旅行を好み、自らの欲望を満足させる資金を獲得するために、外国人への利権譲渡を常策とした。さらに、中東における英国とロシアの対立は熾烈であり、イランにおいても、両国による政府高官への働きかけが盛んに行なわれていた。

上述のタバコ利権は、この時代背景のもとで理解する必要がある。支払われた利権料は、国王の外国旅行の費用として湯水のごとく浪費され、しかも新たに設置されたタバコ会社の従業員として、多数のヨーロッパ人がイラン国内に入ってきた。以上のことは、ますますカージャール王朝に対する不信と不満を増大させた。同時に、異教徒のキリスト教徒が、イスラーム教徒の国へ陸続と侵入することは、イラン国民を焦らだたせた。彼らの不満は発火点にまで達していたのである。

この民衆の不満の代弁者は、直接経済的打撃をこうむったタバコ商人とウラマーであった。ウラマーと商人の結びつきは、後者が宗教家に宗教税（ホムス khoms、付録「基礎用語」参照）を収めたり、寄進を行なうなどして、ウラマーを経済的に支える一方、ウラマーは、商業手続きを成立させる契約書に裏書きを行なったり、婚姻の契約書を作成するなど、互恵的であり、緊密であった。

しかし、彼らが、テヘランやタブリーズ、シーラーズなど、都市単位で反利権運動を展開しているかぎり、たいした政治力とはならなかった。統合が必要であった。この役割を果したのが、当時イラクのサーマッラーという町に居住していた、当時随一の学者シーラーズィーであった。彼は、イラン本土からの要請に応えて、喫煙を禁止する教令（ファトワー fatwa）を発布したのである。それは、「今日、異教徒が製造したタバコを喫煙する者は、時のイマームに対して戦いを挑むものである」との主旨であった。「時のイマーム」とは何か。詳細は、第8章で述べることになるが、教令の効力は、絶大であり、老若男女を問わず、王の後宮の婦人にいたるまで、徹底してこれに従ったといわれている。

事態の深刻さに気づいたタバコ会社は、ついに利権の実施を断念した。その結果、イランは利権廃棄に伴う多額の損害賠償金を支払うことになった。しかし、ウラマーに指導されたこの民衆運動は、専制王朝の恣意に歯止めをかけ、外国人の経済的侵略を頓挫させることに成功したのである。

この事件の後、イランは、英国、ロシア両国に金融的に隷属する。特に、賠償金弁済の条件として、外国人（ベルギー人）に関税行政を委ねたことは、新たに深刻な問題を生み出した。彼らの関税統制は、効率的であり厳格であったため、関税収入は増大した。しかし、このことがかえってイラン商人の負担となり、不満の火種となった。二〇世紀に入る頃には、商人たちの不満はいたるところで見られた。

テヘラン知事
アイヌッ・ドウレ

公開処罰（棍棒による足の裏を打つ刑）

処罰の様子

特に首都テヘランでは、知事の圧政、国王の奢侈、物価の上昇など、革命前夜の様相を呈していた。

一九〇五年末、テヘラン知事が、砂糖を退蔵したことを理由に、一砂糖商人を鞭刑に処した。これが直接の原因となって、「立憲革命」の火蓋が切られた。この商人は老人であり、しかも預言者ムハンマドの末裔と信じられている高貴な家系（セイエド）に属する人物であったため、いっそう人々は義憤を掻き立てられたのである。運動は、首都を中心に広汎な反政府運動へと展開し、やがて、イラン史上初めて憲法を獲得することに成功した（第4章「タァズィーエと立憲革命—歴史と神話の融合」の項参照）。

カージャール王朝5代目シャー，モザッファロッディーン・シャー．1906年8月5日，憲法を認めた．

この運動を効果的に進展させ、憲法獲得という目的を成就させたのは、またもウラマーの民衆指導力であった。テヘランで最も有力であった三人のモジュタヘド、ベフベハーニー、タバータバーイー、およびヌーリーが、結託して民衆の指導にあたったことは、革命運動の成功にとって、決定的な要因であった。

この他、人々に運動の理念を平易な言葉を用いて解説し煽動を行なった説教僧（ヴァーエズ）の役割を無視することはできない。彼らは、モスクや町角・集会所その他の場所で説教を行ない、カージャール朝の圧政を糾弾した。

ウラマーの指導は奏功した。やがて、革命運動は、全市を挙げてのゼネストにまで発展し、ついに政府は人々の要求を認め、憲法認可の召勅が下った。一九〇六年八月五日のことである。

憲法認可の勅令発布後、革命運動は、徐々に分裂を始める。中でもウラマーの間に意見の対立が生じ、「憲法」の概念の解釈をめぐって論争が生じたことは、運動の完遂にとって致命的であった。タブリーズやラシュトなどイラン北部の都市では、市民軍によって革命が継続されたが、英国、ロシアなどの干渉などもあって、結局、立憲革命は、中途で挫折してしまった。しかしながら、不満をもつ民衆を統合する能力、目前の目標を達成する際に発揮されるウラマーの政治力は、再び実証されたのである。

では、ウラマーとはいったいどのようなグループの人々なのか。次にこの点について具体的に三人のウラマーを例にとって、彼らの多様性を検証したいと思う。

4 ウラマーとは？ 三人のウラマーの場合

ウラマーとは、アーレム（alem 学者）の複数形であり、キリスト教的な意味での聖職者を意味しない。説教や信者の相談相手など、聖職者の行なう仕事は、彼らの重要な任務の一つであるが、秘蹟を行なう権限はもっていない。イスラームでは、ウラマーであれ誰であれ、神の前では一個の人間にすぎない。

前節でウラマーが主役となった二つの事件を紹介したが、それによって、彼らがたえず共通の利害意識をもつ、均質なグループであるかの印象を与えたかもしれない。ウラマーの間に職能による分化

立憲革命期，ウラマーの指導者ヌーリー（1909年7月，処刑）

立憲革命期，ウラマーの指導者ベフベハーニー

立憲革命期，ウラマーの指導者，タバータバーイー

があるように、法解釈や社会・経済的諸問題について彼らのとる立場は多様である。今、立憲革命期に活躍した三人のウラマーを例にとって、この点を明らかにしたい。

第一にヌーリー (Shaykh Fazl al-Allah Nuri) を取りあげる。彼が立憲革命初期に他の高名なウラマーと提携し、革命運動の成功に貢献したことはすでに触れた。彼はイラン国内で当代随一の学者であって、イスラームの教義の細目に精通していた。したがって、ヌーリーが革命運動に参加した最大の動機は、この運動によって政府の悪政が是正され、イスラーム的価値に基づく社会が実現することを望んだためである。憲法 (mashruteh) をイスラーム法に基づく統治 (masharueh) と解釈したのは、ヌーリーが最初であったといわれている。

ヌーリーの処刑

憲法承認の勅令が発布されてから、革命運動の主導権は徐々にウラマーのもとを離れ、世俗的政治指導者の手に移った。この頃を転機として、ヌーリーは、反政府運動の戦列を離脱し、逆に反革命運動へと転身することになる。国王ムハンマド・アリー・シャーの陣営に組みした彼は、多くの従者とともに反革命宣伝を繰り拡げた。彼が転身した理由の一つは、おそらく初期の同僚ベフベハーニーおよびタバータバーイーとのライバル意識であった。しかし、それ以上に、イスラーム法に通暁した人物にとって、自からの理想が世俗的政治家によって眼前で蹂躙されることは、耐えがたい屈辱であったにちがいない。運動は、すでにウラマーの手を離れ、ヨーロッパ式の憲法を採択した結果、イスラーム法による統治とは乖離した方向へ進む危惧があった。ヌーリーが戦線を離脱した最大の原因はここにあった。

しかし、彼の反革命運動は結局敗北した。そして、国王の反革命クーデターの失敗後、一九〇九年七月、ヌーリーは処刑された。一九七九年の革命後、イスラーム的価値が見直される風潮の中で、彼の堅持した立場が再評価されていたことは、この人物が、イスラーム的価値の擁護者の代表的人物であることを傍証するものである。

ついで、ミールザー・アボル・カーセム（Mirza Abu al-Qasem）は、テヘランの金曜モスクの監督

カージャール王朝6代目シャー，ムハンマド・アリー・シャー（1909年7月に廃位）

第一次国民議会のメンバー（1906年10月7日－1908年6月23日）

ヴァーエズ（説教者）イスファハーニー（1909年7月処刑）

職であるイマーム・ジョンメであった。伝統的にこの職は国王によって適当な人物に与えられた。アボル・カーセムの父もまた同じ職にあったが、一九〇三年、彼は、父の後を継いでイマーム・ジョンメに任命された。しかも、彼は、国王モザッファロッディーン・シャーの女婿であり、王家と姻戚関係があるなど、体制との結びつきが強く、立憲革命中、終始反動的に活動したウラマーの代表的人物であった。このような体制派のウラマーが常にいたことを忘れてはならない。たとえば、革命の初期、人々がモスクで反王朝の集会を開いたとき、これを不信心者の集会であるとして干渉し、手下の政府護衛兵を送り込んだ。この結果、集会は強制的に解散されてしまった。この時、モスクの聴衆に対して政府批判の説教を行なっていたのがイスファハーニー（Sayyed Jamal al-Din Isfahani）で、第三のウラマーのグループに属する人物である。

いずれにせよ、アボル・カーセムの反革命運動は奏功せず、革命はさらに進展し、ついに憲法を獲得するにいたった。革命後、彼は有罪判決を受け、金曜モスクの管理職を解かれた。身の危険を感じた彼は、ロシア領事館へ避難し、ロシアへ亡命した。

最後にイスファハーニーは、説教僧であり、難解なイスラームの教えを簡明な民衆の言葉で解説することを職業としていた。彼は少年時代に父を失い苦境のうちに育ったが、長じて学問を志した。しかし、たび重なる苦労と勤勉のため、彼の片目は視力を失ってしまった。だが、説教僧にとって必要とされる美声と一般の人々に理解しやすいテーマの選び方によって、非常な人気を博していた。立憲革命期には、彼のような説教僧が、革命の理念を民衆の言葉を用いて解説し、運動の煽動者として広汎に活躍していたのである。

イスファハーニーは、ウラマーであり、伝統的宗教に関する知識に通じていたことはいうまでもない。と同時に、彼は、近代ヨーロッパの新知識についても深い関心を示していた。彼の説教の中には、西洋の近代技術、建築、医学その他の内容が盛り込まれていた。いわば、彼は、先進的ウラマーの代表的人物であった。なお、イスファハーニーは、一九〇七年六月、国王の反革命クーデターに際して逮捕され、やがて毒殺される。彼は、現代イランの文人、ジャマールザーデの父親である。

以上の簡潔な比較によって、ウラマーを伝統的宗教的学問の頑迷な護持者であると一律に見なすことができないことがわかる。当時のイランにおいて、高等教育を修得する場所は原則として宗教学校（マドレセ）のみであり、ここで学んだことだけを理由にウラマーのすべてを伝統的宗教の護持者と考えることはできない。事実、二〇世紀に入ると、西洋の影響が本格化し、これについて相当の関心と知識をもつウラマーがいたとしても不思議ではない。

このように、一口でウラマーといっても、その内容は多様であった。ヌーリーのように伝統的教学に精通し、イスラーム的価値を堅持する人物、アボル・カーセムのように王朝と密接な関係を維持し、反動的な立場をとる者、さらにイスファハーニーのように、伝統的教学の知識をもちながら、西洋の近代思想、技術についてもかなりの理解を示すウラマーがいたのである。

しかし、この多様性にもかかわらず、全体としてウラマーの社会・政治的機能は、イスラーム的価値の擁護が中心である。これに一般信者の世俗的利害が一致した場合、ウラマーは、比類のない動員力と指導力を発揮することができたのである。

5 世俗権力と宗教権威

繰り返すが、十二イマーム派シーア主義では、信徒共同体の唯一無二の支配者は「隠れイマーム」であり、信徒の間には、彼の再臨に対する期待感が根強く存在する。この教義の論理的帰結として、イマームが再臨するまで世俗的支配者は「隠れイマーム」の権力・権威の簒奪者であると考えられた。この考えの前提として、これを生み出したウラマーの権威が非常に強化されたこと、逆に世俗的統治者の権力が低下したことが想定できる。

そのような時代がカージャール朝期であった。一九世紀初頭、ウラマー（特にモジュタヘド）の権威を強調するウスーリー学派（モジュタヘド派ともいう）の勢力が確定された。一方、カージャール朝は、トルコ系の王朝であって、創設以来、イラン人の間で人気がなかった。さらに、歴代の国王は、中央政府の権威を地方に浸透させる有効な手段を講じることなく、その威信は、イラン全土に及ばなかった。同王朝が無力であった最大の原因の一つは、強力な軍隊をもたず、有効な財政政策を実施することができなかったことにある。その結果、国家収入が不安定であり、逆にこのことが強力な軍隊を維持できない直接の原因となっていた。

したがって、遊牧民と並ぶ国内の分権勢力であるウラマーとの関係は、総じて国家が劣勢であった。歴代の国王は、マシュハドやコムにある聖廟へ毎年巡礼を行ない、寄進あるいは廟や学院の修復を行なうなどしてウラマーの歓心を買う一方、イラン国民に対しては、敬虔な統治者であることを誇示した。他方、ウラマーは、一部の例外を除いて、物理的に権力を行使する軍隊を

レザー・シャー，パハラヴィー王朝の開祖（1941 年国外追放ー廃位）

もたない。しかし、すでに繰り返し述べてきたように、一般信者との緊密な宗教・社会的提携という無形の武器を用いて、対国家関係を優位のうちに進めてきたのである。

この関係に変化が現われたのは、第一次世界大戦後、イラン政界に巨人のごとく登場したレザー・シャー（一九四一年廃位）の時代であった。

彼の統治時代は、多くの点でカージャール朝の統治時代と対照をなしていた。強烈な個性と決断力、機を見るに敏な洞察力と実行力など、戦後の混乱した時代の指導者として、レザー・シャーは、理想的な人物であった。しかし、いかに個性的な人格であっても、権力の背景となる軍事力の裏づけがなければ、実際の力とはならない。彼は、当時のイランで唯一の軍隊として機能していたコサック旅団の出身であり、その権力の基盤はこの軍隊であった。彼が、果敢に社会・経済・法律の改革を断行できたのは、この軍事力があったからである。

レザー・シャーが政治権力を掌握する際、二つの障害があった。一つは、遊牧部族、他はウラマーであった。この障害を取り除くために、彼は前者に対しては、終始強引な対応策をとって壊滅させてしまった。一方、ウラマーに対しては、最初は懐柔策、そして自らの権威が確立するや、高圧的にウラマーの特権を剥奪するという巧妙な方策をとった。強力な施策の結果、教育・法律などに関するウラマーの旧来の特権は、ことごとく骨抜きにされてしまった。

これらの施策に対して、一部のウラマーから抵抗の姿勢が見られたものの、レザー・シャーの統治期においては、国家対ウラマーの関係は、まったく逆転してしまった。これは、レザー・シャーの政策の巧妙さと大胆さによると同時に、ウラマー自身は、権力を行使する物理的手段をもたず、強力な軍隊に支えられた権力の前に無力を晒け出したためである。しかも、イラン国民の間に、新王に対する不安感以上に、期待感があったためである。

それでは、この時期に、ウラマーは、強大な権力の前にただ屈従していたのであろうか。

6 宗教都市コム——ウラマーの組織化と後代への飛躍

一九一八年、バーフェキー（Shaykh Muhammad Taqi Bafeqi-ye Yazdi）という人物が、イラクのナジャフからコムへやって来た。コムに宗教学院を再建するためである。この人物は、なかなかに気骨のある人物で、レザー・シャーに大胆に歯向かった数少ないウラマーの一人であった。学院の再建には、学識ならびに組織者として有能な人物を必要とした。協議の末、アラーク（Arak）に住んでいた一人のモジュタヒドの招聘を決定した。この人物が、現在イランのみならずシーア派世界で最高の権威をもつ宗教学院、ホウゼイェ・イルミエの再興者ハーエリー（Shaykh Abd al-Karim Haeri Yazdi）であった（コムについては、7章で詳述する）。

コムのホウゼイェ・イルミエ学院の
再興者ハーエリー

ハーエリーの弟子たち
ベヘシェティー（1981 年暗殺）

ハーエリーは一八五九年、ヤズド近郊のアルダカーン（Ardakan）村に生まれた。長じてシーア派の学問の中心地イラクへ赴き、学問を深めた。彼の教師の中には、タバコ＝ボイコット運動のシーラーズィーや立憲革命のヌーリーなどがいた。やがて彼は、アラークの住民の求めに応じて、その地で学院を開設し、人々の教化にあたっていたのである。ハーエリーは、コム定住に先立って、一九二一年この町に巡礼を行なうが、この機会に、彼を学院の再建者として要請する機運が高まった。その結果、彼は定住を決意した。やがて彼の知人・友人、従者およびその家族などが続々とコムにやって来た。

こうして基盤が築かれた学院において、ハーエリーは、積極的に弟子の育成を行なうが、彼の政治的立場は極めて穏健であった。彼が意識的に政治的無関心を装ったのか、あるいはまったく関心がなかったのか明らかではない。ただ、彼の政治への不干渉は、いくつかの重大な結果をもたらした。消極的な面として、間接的に世俗権力を支持する結果となり、ウラマーに対する過酷な政策の実施を容易にした。

他方、積極的な側面としては、十二イマーム派研究の中心地が、これまで国外（イラク）にあったのが、イラン国内に移されたことがある。シーア主義研究の中心地がイラン国外にあることは、イラン政府の直接介入を許さず、ウラマーが独自の立場を維持できるという利点があった。しかし、地理的懸隔は、同時に多くの不都合をもたらした。まず交通が不便であること、さらに、イラクはトルコ領内にあり、イラン・トルコ間の移動が国際問題となりかねなかった。さらに、イラン国内で、実質

シャリアトマダーリー（保守的ウラマーの代表）

モンタゼリー（一時ホメイニーの後継者候補であった）

的な数の優秀なウラマーを確保することを妨げていた。

ハーエリーがコムに学院を設立した結果、多くの未来を背負う優秀な後継ウラマーが育成された。彼の弟子の中にはホメイニー師をはじめとして、シャリアトマダーリー師、ターレカーニー師などが名を連ねていた。

今日、ハーエリーに関する記録は彼の弟子によるものが多く、彼の業績に対して讃辞の限りを尽くしている。しかし、誇張された部分を差し引いても、彼の業績は特筆に値する。政治的に穏健なハーエリーの弟子の中から過激なイスラーム革命の指導者たちが生まれたことは、歴史の皮肉である。しかし、ここに、コムが後代、革命運動の中心となる基礎ができあがったのである。では、イスラーム革命とは何か。そして、この革命を貫く理念とは何であろうか。

7 イスラーム革命

一九七八年一月、コムにおけるデモを契機として、イスラーム革命運動は本格化した。そして、翌年、ついにパハラヴィー朝（一九二四—七九年）を転覆させたのである。革命前夜、国王ムハンマド・レザー（レザー・シャーの子）のアメリカに偏向した散慢な経済政策、石油収入への安易な依存、さらに、国内の反政府批判に対する悪名高い秘密警察組織（SAVAK）を用いての弾圧などが、イラン国民の間にパハラヴィー朝に対する反感を鬱積させていた。

この頃、反政府運動の精神的シンボルと崇められていたホメイニー師は一九六四年以来国外居住を強いられていた。しかし、彼は居住先のイラクのナジャフから激しい反政府宣伝を繰り拡げていた。上述のコムのデモは、日一日と人気の低下する王朝が、ホメイニー師を嘲弄する政府見解を発表したことに直接の原因があった。デモの群衆に対して、政府は厳しい弾圧を行ない、死傷者を出した。革命運動は、もはやとどまるところを知らなかった。

この革命の特徴は、やはりウラマー主導の民衆運動というパターンを踏襲している点である。しか

イスラーム革命指導者ホメイニー（1989年没）

ホメイニー師15年ぶりにイランへ帰還

イスラーム革命－テヘランで100万人の大行進

も、今回は、ウラマー（とくに法学者ファキーフ）が直接政権を担当するという、イラン政治史上、いや近・現代世界史上例を見ない画期的な事件であった。既述のとおり、イスラームにおいては、すべての権力・権威の源泉はアッラーのみであって、これに並立するいかなる権力・権威も認めない。さらに、十二イマーム派では、共同体の真の支配者は「隠れイマーム」であり、現世の支配者は、イマームの権力の簒奪者と見なされる。では、ウラマーによる直接統治は、この原則に抵触しないのであろうか。この点は、最終章で再び取りあげる予定である。

ところで、ホメイニー師は、亡命先のナジャフで学僧や支持者たちに対して行なった講演の集成『イスラーム政府（Hokumat-e Islami）』の中で、次のように説明している。

元来、政府というものは、信徒の福利（マスラハ）のために存在すべきであって、それは不正（ゾルム）であってはならず、そのような政府は違法である。逆にコーランや預言者の教えに一致した公正（アドル）な政府は、明らかに合法である。また、この政府を運営する資格がある人物は、イスラーム法に関する知識に精通し、公正な者でなくてはならない。現在、この二つの基本条件をあわせ持っているのは、法学者（ファキーフ）以外にはない、と。

以上の考えは法学者の代理統治（velayat-e faqih）論として、以前から論議の的となっていたが、後年さらなる論議が戦わされる温床となる。いずれにせよ、このたびはパハラヴィー王朝の圧政に対する反発という歴史的状況から生まれたことは明らかである。と同時に、これまで述べてきた十二イマーム派の歴史的発展の必然的帰結と考えることもできる。つまり、一九世紀以降形成されたウスーリー派（モジュタヘド派ともいう）の勝利によって、「隠れイマーム」の不在中、信者共同体の実質的指導者としてウラマーの権威が確定したが、同革命はこの傾向の発展であった。しかし、イスラーム革命にいたるまで、ウラマーが不正な世俗的統治者に対して抗議を行なったり、彼の権限に制限を加えることに成功した例は多くあっても、直接政権を掌握する企てはなかった。

ウラマーは自らの理想を永続的な政治制度として樹立する具体的プランをもっていなかった。むしろ、彼らは、不正な統治者に対する社会の良心としての役割を果たしてきたのである。自ら権力を掌握せず、統治者の過失を批判することは、実は極めて安全な立場でもあった。これに対して、法学者の直接統治を断行したイスラーム共和政府は、十二イマーム派の伝統の発展であると同時に、新しい局面を開くものである。

以上の解説から、イスラーム・シーア派における宗教学者と政治の関わりが理解された。そして、その背後にシーア派（特に十二イマーム派シーア主義）におけるイマームの位置、役割に関する歴史、ならびに教義的発展があった。以下の章では、一二人のイマームの中で特に重要と考えられる六人のイマームの生涯と役割を解説する。そこで、その解説をいっそう効果的にするためにシーア派の歴史をその発生から略述しておくと便利であろう。では、この作業から取り掛かろう。

第2章 シーア派の歴史——サファヴィー朝の時代まで

1 シーア派の発生

六三二年、預言者ムハンマドは息を引き取った。孫ほども年が離れた妻アーイシャの膝のうえでの静かな最後であったという。波乱万丈の生涯ではあったが、死の直前の数年間は、平穏無事に静かな日々を送ることができた。

しかるに、平穏な死とは裏腹に、ムハンマドが残したイスラーム共同体ウンマは、以後引き続いて起こる深刻で血なま臭い内部対立の種子を内にはらんでいた。預言者の存命中は、神の知識を直接受け取ることのできる生ける立法者がいたわけであるから、共同体内で生起したあらゆる問題は、多少の対立があったとしても彼の裁断（つまり、アッラーの啓示）で解決することができた。しかし、神から直接教示を仰ぐことのできる預言者が没した今、信者が直面しなければならない法的、宗教的なあらゆる問題はどのように対処されるのであろうか。事態は深刻であった。

信者共同体は、有無をいわせず存続しなければならない。残された大多数のムスリムたちは、アブー・バクルを預言者ムハンマドの後継者として選出した。この後継者はカリフ（ハリーファ）と呼ばれた。カリフは預言者の後継者とはいっても、なんら預言者の機能は保持しない。彼は、神からの啓示という伝家の宝刀を持たない、共同体の長老にすぎない。カリフとしてウンマの最高指導者的地位を継承しうる候補者は何人かいたが、その中からムハンマドが布教を開始した初期より彼を援助してきたウンマの長老、アブー・バクルが選出されたにすぎない。アブー・バクルは、前述のアーイシャの父親であった。

この選出そのものにはたいした反対はなかったようである。しかし、少なくとも後代のシーア派の立場からは大いに問題があった。つまり、シーア派の言い分によればこうなる。

ムハンマドの叔父のアッバースと従兄弟のアリーおよびその妻（預言者の娘）ファーティマなど、身近なハーシム家のものたちが預言者の遺体を洗浄し、葬儀の準備をしている間に、他の教友たちはアリー不在のまま後継者を決定してしまったというのである。この決定に対して不満が唱えられる理由は、アリーその人と預言者との特殊な関係である。次章で詳述するように、アリー（アリー・アビー・ターレブ、六〇〇頃—六六一年）は、ムハンマドの従兄弟であり、しかも預言者の娘ファーティマの夫でもあった。ムハンマドとは三〇歳ほど年令が離れていたとはいえ、幼少の頃より預言者と行動を共にし、日常生活における接触は非常に密接であった。彼がこのような特殊な関係を通じて預言者からイスラームの奥義を伝授されていると信じていた人々がいたのも無理からぬことであった。

しかし、現実の問題として、信者共同体の最高指導者が没したとき、後継者の選出は急を要した。その時アリーはまだ三二—三三歳であって、少なくともアラブ社会の伝統に従えば、ムスリム共同体の長としては、経験が不足していた。また、アリーは決断力に欠けるという評価もあった。これらの条件によって、彼には指導者としての資格はないと見なされたのである。

いずれにせよ、預言者の後継者の地位は、アブー・バクルが没した後もアリーのものとはならず、ウマル（六三四—六四四年）、ウスマーン（六四四—六五六年）が相次いでカリフとなった。アリーがカリフの位に即いたのは、ウスマーンが暗殺されてからのことであった（六五六年）。この頃には、アリーの共同体内での地位は比較的強固になっていたとはいえ、彼のカリフ就任には多くの複雑な問題が絡んでいた。その中で最大のものは、暗殺されたウスマーンの報復の問題であった。

カリフ・ウスマーンは、ウマイア家に属し、預言者が新しい宗教を宣教中、彼に対して最も激しく敵対していた家系であった。元来、ハーシム家とは折り合いが悪かった。そのウスマーンがカリフに即位すると、ウマイア家の者を枢要な地位に登用する、縁故主義を極端に用いたため、アラブのみならず、非アラブムスリムの間でも根強い反感があった。ウスマーンの統治政策に対して、イラクのクーファなどを中心に怨嗟の声が上がり、やがてそれが彼の暗殺に結びついたのである。

このような状況の下で、カリフに就任したアリーの敵対者たちは多かった。その最大の人物であるウマイア家の領袖ムアーウィアは、ウスマーンの殺害者たちへの血の報復を迫った。他方、アリーを快く思わなかったムハンマドの未亡人アーイシャは、幾人かの重要な教友と組んで敵対した。

後者は、比較的容易に鎮圧することができたものの（駱駝の戦い、六五六年）、ムアーウィアの率いるウマイア家は、執拗にアリーにウスマーンの報復を迫り、その責任の一端をアリーに帰した。これはムアーウィア側が権力獲得をもくろむ口実であった。こうして、アリー軍とムアーウィア軍は、やがてスィフィーンの野で対峙することになる（六五七年）。この戦いは、多くの人的犠牲を出したにもかかわらず、決定的に雌雄を決するにはいたらなかった。ムアーウィア側は、この局面でコーランに基づく話し合いによる事態の打開を申し出た。彼は槍の先にコーランをつけて和議を提案したのである。これはウマイア軍の知将、アムル・アースの献策であったという。

このように事態は和議へと進展するのに対して、アリー軍の一部の分子は不満を感じ、アリーの軍から離脱した。この一団の人をハワーリジュ派といい、のちにシーア派の歴史において重要な役割を果たすことになる。つまり、ハワーリジュ派の立場によればムスリムの諸行為に対する最終的決断は、唯一絶対の神のみに属する事項であって、人間が為すべきではないというのである。この立場からすると、紛争に際して、人間的判断を用いて談合によって和解に到達しようとしたアリーもムアーウィアも共に悪であった。

ハワーリジュ派の態度に対して、アリーは、イスラーム共同体全体の調和に反するという判断から、彼らを弾圧した（ナフラヴァーンの戦い、六五八年）。このグループの人々はかつてアリーに期待するところが大きかっただけに、逆に彼らのアリーに対する恨みは骨髄に達した。

六六一年、三人のハワーリジュ派の刺客がメッカを立った。一人はムアーウィアを、今一人はウマイア軍の将、アムル・アース、そして最後の人物イブン・モルジェムは、アリーを殺害するためであった。現在イスラーム共同体が混乱していることの責任は、この三人にあるというのである。前二者は目的を果たすことができなかった。しかし、イブン・モルジェムは、ラマザーン月一九日、朝の祈りのためにモスクへやって来たアリーに襲いかかり、致命的な傷を負わせた。二日間生死の境をさ迷ったアリーは、同月二一日、息を引き取った。アリーの遺体は、クーファまたはナジャフに埋葬されるが、シーア派の信者は、後者であると信じている。ナジャフは、現在もシーア派で最大級の聖地の一つである。

アリーの後は、長男のハサンがイマーム位を引き継いだ。しかし、ハサンは元来政治的野心をもたない人物であった。カリフ職をめぐってウマイア軍と交わした初戦で敗退するや、ムアーウィアの圧力の下に密約が締結された。その結果、父アリーから受け継いだ信者共同体の指導者の権利をムアーウィアに譲渡してしまった。ハサンはメディナに隠遁し、ここにウマイア朝が成立した（六六一―七五〇年）。一説に、ハサンとムアーウィアの密約の一項目に、ムアーウィアの没後、カリフの権利はハサンの弟ホセインに返すという項目があったといわれる。しかしながら、結局、ムアーウィアは、息子ヤズィードにカリフ権を与えた。こうして、ウマイア家による王朝原理に基づく支配体制ができあがった。

ウマイア家は、ムハンマドやアリーが属したハーシム家とは対立の関係にあり、この一家が王朝原理に基づく支配を開始すると、アリーの支持者（シーア・アリー）に対する弾圧を開始した。しかも、アラブを重用したため、非アラブムスリム（マワーリー）たちの不満がくすぶっていた。

このような状況を背景にして、ウマイア朝の初期からさまざまな反乱が起こった。中でも、六八〇年に起こったアリーの次男ホセインの殉教は、シーア派

アリーと二人の息子
ハサンとホセイン

イマーム・ホセイン廟（カルバラー）

の歴史に消そうとしても消しえない深い刻印を押すことになった。

アリーの二人の息子（ほかにもアリーの息子はたくさんいる）ハサンとホセインは、シーア派の歴史において格別の注意が払われている。というのは、この二人がムハンマドの娘ファーティマから生まれたためである。ただ、弟のホセインは、兄のハサンとは異なり血気が盛んであった。そのためか、アリー自身、生前にはホセインのほうを好んだという伝承が伝わっている。

さて、六八〇年、ホセインは、ウマイア朝の派遣した知事の誅求に苦しむクーファの民から援助を求められた。父の時代からクーファの人々は、セイエドと呼ばれる預言者の家系の人々（アフル・バイト）への支持を表明していたものの、必ずしも信頼できない面があった。

しかし、ホセインは決意を固め、女子供を含む少数の縁者、支持者たちを伴ってクーファに向かった。

一方、ウマイア朝の大軍は、バグダードの南約一〇〇キロに位置するカルバラーという荒れ野でホセインの一行を待ち、やがて両軍は対峙した。もとより勝利の可能性などまったくない戦いであった。

案の定、クーファからの援軍は来たらず、七二名を数えるホセイン軍の戦士は全滅した。戦史的には、なんら語るところのない出来事であった。しかし、シーア派の歴史において、カルバラー事件は決定的に重大な意義をもつ事件であった。シーア主義のパトス的側面は、まさにこのカルバラー事件に集約されているといって良かろう（第4章「三代目イマーム・ホセインとタァズィーエ」を参照）。

炎天下のカルバラーの野で、激しい喉の乾きに苦しみながら敵将シムルの手によって切断されたと伝えられるホセインの首級は、ダマスカスなるカリフ、ヤズィードの許へ運ばれた。また、ホセインの遺体はカルバラーの地に埋葬されたと伝えられる。その結果、カルバラーの地は、今日にいたるまでシーア派信者の崇敬する巡礼地となっている。

カルバラー事件（中央上がイマーム・ホセイン）

援軍の派遣を約束しながら、カルバラーに馳せ参じなかったクーファの人々でアリーの一派を支持する人々は、この悲惨な結末に大いに改悛した。二年後、これらの人々は、ホセインに倣い、自殺行為ともいえる蜂起を敢行して、全滅した（タッワーブーンの蜂起）。

さらに、タッワーブーン（改悛者）の蜂起の後数年が経過して、ムフタールの反乱が起こった。これは、アリーの別の息子、ムハンマド・ハナフィーヤ（ハナフィー族の女から生まれた子供）を擁立する反乱である。やはり、ウマイア朝のアラブ至上主義政策に不満をもつ分子を結集した運動であった。この運動は、同年代における反ウマイア家、親アリーのグループによる運動という共通の政治目標を掲げる一方、ムハンマド・ハナフィーヤは、死んだのではなく、「お隠れ（ガイバ）」になったにすぎず、やがて、「再臨（ロジューウ）」するという宗教思想を全面に押し出した点で画期的な運動であった（カイサーン派）。

このような一連の反ウマイア家運動は、やがて、アッバース家擁立の運動へと発展してゆく。ただ、ここで注意を要するのは、これらの運動において、指導者たちはシーア派主義（すなわち、アリー一派への支持）を標榜する点では共通するものの、それぞれの運動で中心に据えられた人物は、後代、シーア派の主流となる十二イマーム派の系列に属するものでは必ずしもないという点である。すなわち、預言者が属するハーシム家を支持する点では一致しても、運動の指導者たちは、みずからの政治的目標を達成するために、アリー一党の者を便宜的に利用した印象が強い。これは、ホセイン以降の後継イマーム、ザイヌル・アーベディーン（四代目）、ムハンマド・バーケル（五代目）などは、概して政治に積極的に関与せず、隠遁して宗教の指導に当たる傾向が強かったためである。

預言者ムハンマドとアリーの家系図

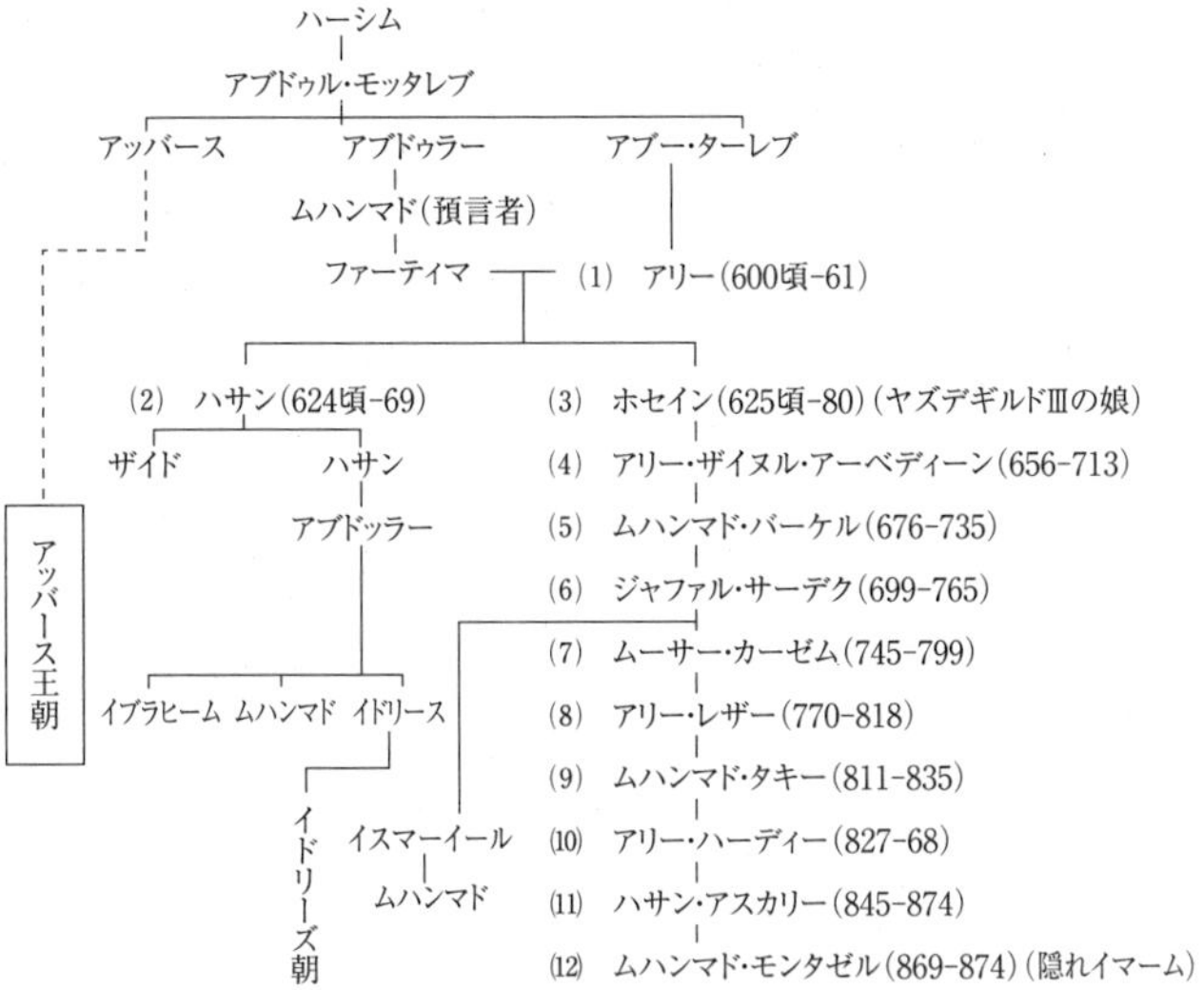

2 十二イマーム派教義の確立

いずれにせよ、反ウマイア王朝への不満は、アッバース革命によって頂点に達した。この運動は、王朝の首都ダマスカスを東に遠く離れたイラン北東部ホラーサーンで開始された。この地でも、積年の反ウマイア家感情、特にアラブ至上主義に対する非アラブムスリムの憤懣が親ハーシム家の立場をとって表出していた。イデオロギーとしては、カイサーン派の考えが主導原理であった。

アッバース家の祖は、預言者ムハンマドの叔父アッバースである（系図参照）。彼の子孫は、理由あってアラビアとパレスチナの中間にあるシャラート地方にあるフマイマという寒村に居住していた。ウマイア家の末年において、ムハンマド・アリー・アブドッラー・アッバースが中心的人物であった。この人物の時代、すでにホラーサーンのカイサーン派との連絡ができていた。このムハンマドはやがて没するが、その息子エブラヒームの時代になると、ホラーサーンをはじめとして、各地へ使節を派遣して反ウマイア家の宣伝を行なっていた。

アッバース運動は、七四五年、若き兵士アブー・ムスリムがホラーサーンへ派遣されると飛躍的に拡大進展した。もはやウマイア軍は血気盛んなアブー・ムスリム率いる軍の敵ではなかった。カリフ・マルワーン（2世、七四四―五〇）は、革命のシンボル、エブラヒームを暗殺するが、たいした効果もなかった。結局、ホラーサーン軍はクーファに入城し、その町でエブラヒームの兄弟、アブー・アッバースが新カリフを宣言した。ここにアッバース朝が成立した(七五〇年)。クーファの町は、アッバース家の旗の色である黒色一色に飾られた。

このように、アッバース朝の成立に際して、預言者の家系（アフル・バイト）に対する尊崇が運動推進の原理として利用され、大いに効力を発揮した。シーア主義（イマーム・アリーに対する敬意）もまた利用されたが、同時にそれは預言者の叔父アッバースの子孫の高貴な血統をも利用したのである。つまり、この時期においても、現在イランの国教であり、シーア派の主流となっている十二イマーム派シーア主義の前身ともいえるイマーム派は、まだ確固たる基盤を形成していなかった。

ただ、おそらく、イスラームの成立以前から中東世界に存在したさまざまな宗教思想、例えば魂の輪廻（タナッソフ）、お隠れ（ガイバ）、再臨（ラジャ）、霊魂の憑依（ホルール）などが依然として人々の間で根強く受け継がれていたであろう。このような考えが、アリーという人物と結びつきやすかった点が指摘できる（ゴラート）。このゴラート思想は、すでに記したカイサーン派などに顕著に表われていた。

こうして、全般的にいって、後代のイマーム思想と結びつく思想的雰囲気（エートス）が存在したとはいえ、それはけっしてアリーを初代として共同体の指導権を世襲的にその子孫へ伝えることを最大の特徴とするイマーム派シーア主義ではなかった。

ところで、アッバース革命の成功はシーア派に何をもたらしたのであろうか。革命には反革命が伴う。アッバース革命で中心的イデオロギーの役割を担ったのは過激派シーア主義（ゴラート）であった。一旦権力を確立してしまうと、アッバース朝の指導者たちは、革命の功労者アブー・ムスリムの暗殺に続いて、シーア主義を弾圧し始めた。王朝そのものは、徐々に形成されつつあるスンナ派の宗主としてイスラーム世界に君臨した。こうして、アッバース革命がシーア派にもたらしたものは、一時期の自由な活動のみであった。王朝の確立後は、むしろ激しい弾圧の下に、アリー一党の政治的活動は大幅に制限されたといわなくてはならない。しかし、この厳しい状況が、逆にシーア主義思想家たちの関心を内側に向けさせることになった。以後二〇〇年ばかりの間に、今日知られる十二イマーム派シーア主義の教義的基盤が確固として据えられたのは、歴史の皮肉といえよう。ここに歴史の逆説がある。そして、その立て役者は、ジャファル・サーデク（七〇二―七六五年）であった（第6章で詳述）。

ジャファル・サーデクは、十二イマーム派の一二人のイマームの中で、最も優れた学者として知られている。彼の晩年は、ちょうどカリフ・マンスール（七五四―七七五年）の時代であり、アリー一党に対して激しい弾圧が加えられ始めた時期に当たる。したがって、ジャファル・サーデクも政治的活動に関心を示さなかった。よしんば関心があったとしても、表立って表わすことはとうていできない状況にあった。そこで、彼はメディナにあって、多数の弟子たちを集め、教育に従事していた。サーデクは、時代の政治状況を鑑み、信仰の危機に際してみずからの信念を守るために本心を隠すという原則（タキーア）を採用した。この原則は、抑圧されたシーア派信者が置かれた厳しい現実から、いわば必然的に生まれたものであったが、以後同派の重要な教義の一部となった。

ジャファル・サーデクは、以上の事情から過激なシーア主義を説くことはなかった。逆にそのために、彼の広範な学識を求めて宗派を問わず、イスラーム世界の各地より多数の学者たちが参集した。アブー・ハニーファ（ハナフィー派の祖）やマーレク・アナス（マーレク派の祖）のようなそうそうたるスンナ派の学者もその中に含まれていた。十二イマーム派の伝承には、ジャファル・サーデクにたどる伝承が究めて多く、同派神学および法学の成立に果たしたこの人物の影響力は計り知ることができない。たとえば第7章で聖都コムに関して紹介する幾つかの伝承においても、その最終的権威を彼に辿るものが大半である。現在十二イマーム派シーア主義がジャファリー派といわれるのは、この人物にちなんでいる。

無論、彼の時代は十二代目イマームの「お隠れ」以前の時代であり、十二イマーム派の教義ができあがっていたはずはない。しかし、この人物の存命中にイマームに関する教義の核心部分が形成された点は特筆に値しよう。特に、アリーの子孫であるイマームに対する忠誠（ワラーヤ）の原則は、アリー以後、ホセインの系統に属するイマームたちの優位を決定的にした。

前方は十代目と十一代目イマームの廟．その背後は，「お隠れ」のモスクがある．そこで最後のイマームが姿を隠したと言われる（サーマッラー）

ジャファル・サーデク以降のイマームたちもまた、アッバース朝による迫害の環境の中で、目立った活動を行なうことはできなかった。従って、六代目イマームが打ち立てたイマーム派の教義になんら新しい要素を添加することはなかった。

ところで、一一代目イマーム、ハサン・アスカリー（八四六―八七四年）は、八七四年に没した。後継者としてムハンマドという人物がいたとされるが、実は、彼は幼少にして他界したという。初代イマーム・アリー以後続いたイマームの系譜は、ここで途絶えてしまった。しかし、信者たちは、ムハンマドは死んだのではなく、「お隠れ」になったにすぎず、世の終焉の直前に「マフディー（救世主）」

として「再臨（ラジャ）」すると信じた。遅くとも、彼の死後六―七年の年を経ずして、このような考え方が信者の間で受容されるようになった。マフディーについては後章（第8章）で詳述するとして、十二代目イマームが「お隠れ」になったことの歴史的意義は大きい。「お隠れ（ガイバ）」の教義は、迫害に継ぐ迫害の中でイマーム派シーア主義神学者たちが講じた苦肉の策であって、イマームが「お隠れ」になることより、信者たちはイマームに対して敵から直接的危害が加えられることを回避できるばかりか、みずからの信条に教義的正当性を与えることができた。ここに十二イマーム派シーア主義の原理が完成した。

十二代目イマームが没した後、およそ七〇年の間は「お隠れ」中のイマームの代理人（サフィールまたはヴァキール）が相次いで四人立ち、シーア派共同体の指導に当たった（小さなお隠れ時代）。四人の代理人とは、

(1) サイード・アムリー（八七五年没）
(2) ウスマーン・アムリー（九一七年没）
(3) ルーフ・ノウバフティー（九三八年没）
(4) ムハンマド・サマルニー（九四一年没）

である。この四人の代理人の中で、特に二代目のウスマーン・アムリーの長い代理職の期間にイマームに関する情報が収集され、十二イマーム派の原形がほぼできあがった。また、三代目のノウバフティーは、有名なノウバフティー家の一員であり、アッバース家と結びつくことによって、政治的勢力をふるうようになった。

しかし、三代目の継承をめぐっては、一騒動あった。つまり、この人物以外に幾人もの代理人候補者がいたのであるが、その中でシャルマガーニーという人物も有力視されていた。この人物が、ノウバフティーが投獄されているさなか、自分は預言者であり、イマームその者だと「僭称」したのである。この事件は大過なく収束したとはいえ、十二イマーム派の存立に対して深刻な警告を与えた。その結果、代理人制度のはらむ危険性を察知して制度そのものが廃止されてしまった。やがて四代目の代理人が後継者を任命せず没すると、シーア派共同体は現世における指導者がいなくなってしまったのである（「大きなお隠れ時代」）。

ところで、最後のイマームが「お隠れ」になり、四人の代理人が立った時代と相前後して、シーア主義神学の黄金時代を迎えることになった。これには政治的要因が強く働いていた。つまり、カスピ海南岸のダイラム地方（現ギーラーン）から起こったブーヤ朝（九三二―一〇六二年）が、現在のイランを中心に覇を唱えたのである。この王朝は、親シーア派であった。同王朝はアッバース朝の首都バグダードのあるイラク方面にも影響力をふるったが、カリフ政権を転覆することを得策とせず、表面上これに忠誠を誓った。しかし、イスラーム世界の心臓部の一角に親シーア派政権が成立したことは、シーア派思想家たちが自由に活動する機会を与えることになった。

一方、エジプトにはファーティマ朝（九〇九―一一七一年）が成立した。この王朝は、十二イマーム派ならぬ、イスマーイール派（七イマーム派）を標榜した。十二イマーム派側からすれば、これに対抗すべくいっそうの教義上の整備を必要としたわけであり、この意味においても十二イマーム派神学の発展にとって、逆説的とはいえ、結果的には有益な影響をこうむったといえる。さらに、シリア方面にもシーア派政権が成立しており、紀元一〇世紀は「シーア派の黄金時代」といわれる。

この時代にほぼ完成した十二イマーム派シーア主義の教義の特長は、迫害の時代を経て思想そのものが穏健化した点である。ウマイア朝期に見られた過激派シーア主義（ゴラート）はなりを潜めていた。ただ、十二代目イマームの「お隠れ」と「再臨」の思想は、十二イマーム派神学の最も重要な部分として取り入れられていた。しかし、これとて反体制運動の焦点となるべき生けるイマームが現実に存在しないことを正当化する面が強く、むしろ現状を肯定する傾向をもっていたといえる。

このように、穏健化に向かう傾向は、すでに八世紀のジャファル・サーデク以来の伝統であった。もはや近い将来シーア派が理想とする公正と平等に基づく信者共同体の到来は期待できないという現実認識が信者の間で強まり、苛立ちが見られた。このような状況に直面した指導者たちは、現実の問題をほかに転嫁するべく、徐々にマフディー（救世主）の思想へと方向転換したのであろう。確かに、初期のマフディーは政治的コンテクストで解釈される傾向があったが、一〇―一一世紀には、終末的色彩が濃くなった。一〇世紀初めの「小さなお隠れ時代」（七八四―九四〇年）が終る頃に最後のイマームはカーエムまたはサーヘボル・アムル（司令官）と呼ばれていたのが、一一世紀になると、終末論的称号、ホッジャ（徴［しるし］）をもって呼ばれることが多くなったのは、以上の事実を示している。この十二イマーム派の体系化に尽力したのがシャイフ・モフィード（一〇二二年没）などであった。

さらに、一〇世紀初めから一一世紀にかけて、前代からさまざまな形で伝えられ、保存されてきたイマームに関する伝承（アフバール）が集大成された。イブン・バーブーイェ（九九一年没）の『マン・ラー・ヤフズルフ・ファキーフ（法学者いらずの書）』、ムハンマド・クライニー（九四一年没）の『オスール・カーフィー（十全なる集成）』、などシーア派神学、法学の鑑となる伝承集が編纂されたのである。十二イマーム派では、この二冊に加えて、一一世紀のムハンマド・トゥースィー（九九五―一〇六七年）による『タフズィーブ・アフカーム（諸規定改善の書）』、『エステブサール（判断の書）』の四冊を「四大伝承集」と呼び、同派教学の根本資料と見なされている。

一〇―一一世紀においては、イスラーム世界の伝承研究の中心地はバグダードであった。現に、「お隠れ」以後、シーア派信仰の焦点ともいうべき「代理人」たちは、すべてバグダードに在住した。この人々は商人階級に属するものが多く、都市の上流階級の一部を形成していたともいわれる。さらに、彼らはアッバース朝のカリフや大臣とも友好的な関係を結んでいた。すなわち、彼らの態度は政治的に明らかに穏健であったといえる。

一方、当時実質的な権力をもつブーヤ朝が親シーア派であったため、一般民衆レベルにおいてもシーア派的慣習の実施が奨励された。例えば、アリーが預言者ムハンマドに後継者として任命されたとされるガディール・フンム事件や（第3章参照）、三代目イマーム・ホセインのカルバラーの殉教を記念する行事（タァズィーエ、第4章参照）が大規模に行なわれたのもブーヤ朝期であったといわれる。

3 十二イマーム派のイラン定着

しかしながら、東方より新たにトルコ人がイスラーム世界へ押し寄せ、セルジューク朝（一〇三八―一一九四年）が成立した。この王朝は当初よりスンナ派を擁護し、シーア派を抑圧する政策をとったため、再び、十二イマーム派をはじめシーア派は、受難の時代を迎えることになった。とりわけ、有名なニザームムル・ムルク（一〇一八―九二年）は、イラクやそのほか帝国の支配地域に、学者養成機関であるニザーミーヤ学院を建設してスンナ派学問の促進に貢献した。逆に、シーア派は、衰退を余儀なくされた。

この時代にいたるまでに、シーア派研究の中心地はメソポタミアを離れ、イランに移っていた。レイ、コム、カズヴィーン、カーシャーンには、比較的多くの学者が居住していた。しかし、やがて、シーア派研究の中心は、イランの地を離れ、ヒッラ、アレッポ、ジャバル・アーメルなどに移り、その担い手は、アラブ居住地の学者となる。当のイランでは、十二イマーム派の学者は激減した。

一三世紀の初頭、遥か東方のかなたでは重大事態が発生していた。チンギスハーンの率いるモンゴル軍が西アジアに迫っていたのである。破竹の勢いの騎馬遊牧民の侵攻を前にして、西アジア地域の主要な都市は、破壊と殺戮に震撼した。この時点までに、アッバース王朝は、地方に割拠した軍雄のために、すでに有名無実の存在となっていたものの、辛うじてイスラーム帝国のシンボルとして余命を保っていた。しかし、モンゴル人の前についに同王朝は潰えた。時に一二五八年のことであった。

イランの地も主要な都市は破壊をほしいままにされた。しかし、イル汗朝の成立とともに、新たな時代が訪れる。モンゴル人支配者は、シャーマン的な宗教の信奉者、あるいは仏教徒であったといわれているが、概して、諸宗教に対しては寛容であり、イスラームもその例外ではなかった。

マフムード・ガーザーン(一二九五—一三〇八年)の治世にいたると、この王は積極的にイスラームに関心を示した。彼が信奉したイスラームがいずれであったか明らかではないが、十二イマーム派シーア主義であったという説が有力である。いずれにせよ、ガーザーンは一二九五年七月、全モンゴル軍将軍とともに、大量イスラーム改宗を敢行した。彼の改宗には、有名なアッラーマ・ヒッリー(一二五〇—一三二五年)の力があったといわれている。

さらに、彼についで王位に即いたウルジャイトゥー（一三〇四―一六年統治）は、自らをホダーバンデ（神の下僕）と呼び、熱心にイスラームに帰依した。この国王は確実に十二イマーム派であったといわれる。既述のように、モンゴル人支配下のイランでは、比較的自由にイスラーム信仰が許容される雰囲気があった。そのため、シーア派の学者は、みずからの教条にとらわれずに、スンナ派の方法論を大幅に援用しながらその立場を強固にすることに努めた。およそ、一二〇〇年から一四五〇年まで、十二イマーム派シーア主義研究の中心は、カルバラーとナジャフの間にあるヒッラへと移っていた。先述のアッラーマ・ヒッリーやムハッキク・ヒッリー（一二〇五―七七年）など、後代の十二イマーム派の法学の発展に一大画期をもたらした大学者が輩出した。

ヒッラがこれほどに十二イマーム派シーア主義研究の中心として栄えたのは、モンゴル人との間に密約が交わされた結果、この町が破壊を免れたためであった。以後およそ二〇〇年の長きにわたり、町は十二イマーム派研究の中心地として君臨することになる。

モンゴル人の王朝が崩壊すると、イランの地はこのたびはティムールによる破壊、殺戮を体験した。ティムール朝期には、独特の文化が栄えたが、この時期における十二イマーム派シーア主義の発展、状況などについては詳しく知られていない。しかし、この時期にシーア主義とスーフィズム（イスラーム神秘主義）が合体するようになったことはよく指摘されるところである。西部イラン、北部イラク、東部アナトリア、北部シリアなどに存在したさまざまなスーフィー教団内部でも、アリーは神秘的な教祖として信奉されていた。その地、明らかにアリーを神格化するアフレ・ハックから穏健な十二イマーム派まで、広範なシーア主義が存在していた。いずれにせよ、これらのグループでは、アリーに格別の位置を与えていた点が共通している。やがてイラン近代史を画するサファヴィー王朝の前身であるサファヴィー教団は、そのような神秘主義教団の一つであった。

サファヴィー王朝の起源は、一四世紀にカスピ海南西岸のアルデビールに生まれた神秘主義の教団である。師弟関係を通じて神との合一にいたる修行を目的とするのが神秘主義である。神秘主義者は人里離れた地で、隠棲生活を行ないながら、精神、肉体に対して過酷な修練を行なう。しかるに、サファヴィー教団も開祖サファーから数代を経ると、拡大発展し、地方の有力者からの物質的な援助を得るなど、俗世間との関係を断ち難くなった。特に、ジュナイド以降の教団は、対外的発展、教勢の拡大に関心を示した。とりわけ、トルコ東部にいたシーア派教徒への布教、ならびに同地に居住するトルコマンに教えを浸透させ、熱烈な支持者を獲得するようになった。

ハイダルが没すると、その息子イスマーイール（一五二四年没）が教団の長となった。この人物がサファヴィー教団の指導者となったのは、わずか一三歳のときであった。イスマーイールは卓越したカリスマ性の持ち主であり、彼の活動を文字通り不惜身命の態度で支持したのがトルコマンの支持者であった。このグループは、キジルバシュ（赤頭、一二人のイマームを表わす一二の房が付いた赤い帽子をかぶっていた）と呼ばれ、サファヴィー王朝樹立の推進者であった。

一五〇一年、イスマーイールはイラン北西部を平定した仕上げとして、白羊朝の首都であったタブリーズに入城した。ここに、サファヴィー王朝が成立した。シャー（王）となったイスマーイールは、早速新しい王朝の国教として十二イマーム派シーア主義を定めた。これは、王朝を樹立する過程で運動推進者たちのイデオロギーとなった過激派シーア主義が、王朝運営のために有害と考えられたからである。確かに、神秘主義の教団が強大な王朝へと発展拡大する過程において、熱狂的な支持者たちが指導者をいわば半神的存在と見なし服従することは、決定的に重要な要因であった。しかし、一旦権力の基盤が据えられると、むしろ必要以上に過激な思想は害こそあれ、益は少ない。

このような理由から、シャー・イスマーイールと彼の補佐たちは、穏健な十二イマーム派シーア主義を国家統合の原理として採用したのである。この政策を遂行するためにはいくつかの重要な手続きが必要であった。まず、新しい国土には十二イマーム派の学者がほぼ皆無であったため、ジャバル・アーモル（今のシリア）やバフレインからの同派の学者を招聘し、教義の研究ならびに王家の正当性を擁護させた。

一方、イラン国内には、スンナ派の学者を中心とする旧来の宗教家階層が存在したが、新来の十二イマーム派ウラマーとの間に確執が見られた。この確執は、やがて後者の勢力が前者を圧倒してゆく。この新来のウラマーたちは、統治者と密接な関係を保つことによって、みずからの権威を高めてゆくが、同時に支配者の側は、シャーが七代目イマーム（ムーサー・カーゼム）の末裔であるという虚構を打ち出すことによって、支配の正当性を主張した。

イランの十二イマーム派化は、すでに記したように、おそらくモンゴル人の支配前後においても遅々とではあれ進行していたと思われるが、サファヴィー王朝による同派の国教化と積極的な布教によって、今や決定的となった。一六世紀以来、およそ五〇〇年を経過した現在にいたるまで、同派はイランの国教の位置を占めているのである。

ところで、十二イマーム派シーア主義はサファヴィー王朝創設以来国教と認定されたが、同派が大多数のイラン人の間で受容されるにいたるまでには、その後約一世紀の年月を要した。王朝の設立以来、サドルという宗教官職を中心に国家の政策としてイラン人の間に十二イマーム派の布教活動が行なわれ、改宗が進められた。この過程が軌道に乗り、本格化したのがシャー・アッバースの治世（一五七一—一六二九年）であった。この時期に国都エスファハーンが十二イマーム派の教学研究の中心地として確立し、イラン人自身による同派研究が盛んに行なわれるようになった。

シャー・アッバースは、みずから敬虔な信者であったといわれる。と同時に、西方スンナ派の宗主国オスマン朝との対立という政治的意味合いもあって、自国の支配領域内

シャー・アッバース

マジュリスィー

にあるイマームやその子孫にちなむ聖廟への巡礼（ズィヤーラト）を奨励するなど、積極的な宗教政策を採用した。すなわち、イマームに関係を有する主要な聖地（例えば、ナジャフ、カルバラー、サーマッラーなど）がオスマン・トルコの支配する現イラク領内にあったため、これら聖地への巡礼は容易ではなかった。したがって、国内にあるイマームの廟（すなわち八代目イマーム、アリー・レザーの廟、マシュハドにある）や、イマームの末裔と信じられている人々の墓廟（イマームザーデ、特に、コムについては、第7章参照）への参拝巡礼を奨励したのであった。また、国王シャー・アッバース自身が王都からマシュハドまで徒歩で巡礼したという有名なエピソードがある。

このように、サファヴィー王朝期の十二イマーム派シーア主義の発展は、多分に王朝の庇護という要素と結びついていた。王朝の側は、みずからの統治の正当性（legitimacy）を主張するために宗教学者ウラマーによる王権の宗教的合理化を必要とした。一方、ウラマーは、王朝の物心両面にわたる援助がみずからの地歩を確実なものにするために不可決の要素であることを知っていた。両者は相互依存的関係にあったが、基本的には王朝主導型の宗教政策が実施されていた印象が強い。

もちろん、一般信者の宗教感情というものが、気紛れな支配者や宗教指導者たちの恣意的な動機で決定されるわけではない。宗教が政治的に利用される反面、一般信者の生きた信仰の息吹きが明白に表われる民衆宗教的側面も平行して発展していた。タァズィーエ（イマーム・ホセインの受難劇、第4章参照）をはじめとして、イマームにまつわるさまざまな民間行事が旧来の民俗的行事や俗信などと渾然一体となって息を吹き返していた。

サファヴィー朝末期になり登場したバーケル・マジュリスィー（一六二八―九九年）は、スンナ派やスーフィーズムを弾圧する一方、さまざまな民間伝承や俗信的要素を十二イマーム派に組み入れることによって、民衆に対する影響力を強化したという説もある。しかし、むしろこれとは逆の見方のほうが妥当であろう。すなわち、教義的にいって、一般民衆の間ではイマームに対する崇拝がこれまでの時代以上に深化し、定着していたと考えられるが、それは、彼らが旧来より保持してきた土着的、俗信的要素と渾然一体となっており、これを否定し去ることは、指導的ウラマーや支配王朝の権力をもってしてももはやできない状況にあったのではなかろうか。この民衆の信仰の強靭さについては、後章で具体例を用いて解説する予定である。

いずれにせよ、サファヴィー朝の成立を契機として、イランと十二イマーム派の結びつきが決定的になったことは確実である。一方において、一〇―一一世紀以来続いた同派教学の発展は、この時代においてイラン人自身による自前のものとして推進された。他方、それは知識人だけの机上の空論に終始したのではなく、イマームザーデ崇拝、タァズィーエなどの民間信仰や行事を通じて、一般の大多数の信者にまで浸透し、根を下ろしていったのである。

このような経過を経て確立したイランのイスラーム、十二イマーム派シーア主義は、一七二二年のアフガン人の侵入によって約半世紀間の混乱の時代を迎える。しかし、一七八五年に成立したカージャール王朝によって改めて国教に認定された。カージャール王朝の支配期間は十二イマーム派シーア主義の一大隆盛期と解することができる。イラン人学者の間でも、一九世紀の初期以降、同派教学研究は隆盛し、一大発展を遂げたと考えられている。

以上、第1章、第2章を通じて、現代シーア派世界における中心的課題である宗教と政治の関係を理解する鍵としてのウラマー（宗教学者）がどのような経緯で権威をもつようになったのか、さらにシーア派形成の歴史が示された。以下の章では、具体的にイマームの行伝、それぞれが十二イマーム派シーア主義に占める役割について、詳しい解説に入りたい。

第3章

初代イマーム・アリー——完全なる人間の鑑

アリー（彼に平安あれ）の宗教は、単に宗教的な知識、つまり信仰（'ibadat）や禁欲主義（riyazat）という側面のみで際立っていたばかりでなく、理性あるいは思想的宗教（din-e fekri）という側面からいっても、アリーという人格と結びついた特異なものであった。

（ハサン・サドル『無限の人、アリー・アビー・ターレブ』）

宗教的シンボルの重要な機能の一つに、それが宗教的人間（homo religiosus）に働きかけ、彼に宗教的現実を身を以って体験させることによって、真に充足した生活を送る原動力となる点を挙げることができる。世界に存在するさまざまな宗教には、必ず幾つかの枢要なシンボルの体系があって、これが多様な社会階層に属する信者に、各人の社会的地位、個人的体験、教育レベルの差異などに応じて、実に多様にしかも流動的に働きかける。その結果、信者は自らの置かれた立場、境遇に従って、宗教的充足感を最も効率的に獲得できる方法でシンボルを解釈してゆく。時には感性的、直感的に、またある時には理性的に冷徹な心でシンボルの解釈を行なうこともある。

イスラームのように神の唯一性（tawhid）を極端に強調する宗教では、厳密にいえば、アッラー以外にいかなる並置すべきシンボル体系も存在しない。しかし、現実には、カーバ神殿の黒石に代表されるように、神の絶対唯一性の原則に反するシンボルの体系が存在した。

聖者に対する崇拝もまた、タウヒードの原則に対する著しい違反の一例である。預言者ムハンマドに対する崇拝やその他スーフィーの聖者に対する崇拝は、無知蒙昧な一般ムスリムにとって近づき難い一神教の原則と彼らの多神教的、土俗的な宗教慣習の空隙を埋める効果をもちながら発展した。

同様に、イランにおける十二イマーム派シーア主義の伝統では、スンナ派の信者共同全体の総意（イジュマー）に対して、イマームという神的知識をあわせ持つカリスマ的指導者個人に対する絶対的帰依を教義の核心に据えるため、一種独特のシンボル体系の発達を観察することができる。

本章では、同派における一二人のイマームの中で初代イマームの位置を占め、シーア派ムスリムの間で巾広い人気と計り知ることのできない影響力をもつ、アリー・アビー・ターレブという人物を取り扱う（表紙、口絵を参照）。この人物がどのように神話化されてきたか。そして、その神話が人々の間で広汎に受け入れられてきた結果、どのように多様な人々の想像力を掻き立ててきたか。さらに、ムスリムの日常生活のレベルから、社会思想、政治活動のレベルにいたるまで、どれ程甚大な影響力を行使してきたかについて解説したい。この作業によって、宗教（イスラーム）が、単に礼拝や儀礼の集積としてではなく、現実の歴史の中でダイナミックな要因として作用することが理解できるだろう。

以下において、具体的にイラン「民衆」の間で絶大な人気を誇り、尊崇の対象となっているイマーム・アリーについて考察する。そして、この半神格化された人物が、イラン社会の各層の人々によってどのように受容され、解釈されてきたかを探ることによって、歴史形成の過程でムスリムの信仰、宗教観がどの程度重要な役割を果たすのかを提示したい。

なお以下の説明を円滑に行なう手順として、ムスリムを次のように分類して、それぞれの立場について解説したいと思う。

［ムスリムの分類］

① エリート ｛ a 神学者、法学者、伝承学者（一般にウラマー）、学僧など
b 世俗的知識人（インテリゲンチア）ムスリム、世俗的高等教育を受けた人々、

学生など

②一般の信者｛高等教育（宗教、世俗ともに）を受けたことのない、比較的俗信、軽信に陥りやすいグループの人々

この分類表に現われる「エリート」と「一般の信者」の間には共通部分も多く、必ずしも厳密なものではない。しかし、両者には宗教的シンボルに対する接近の方法において、決定的ともいえる差異が存在するため、この点に留意して分類した。

1 アリーの経歴とシーア派の起源

以上、少し回りくどい前提であったかもしれない。しかし、シーア派を理解することのおそらく半分、あるいはそれ以上がアリーを理解することである、といっても過言でないことを考えれば、この人物の分析に労を厭うことはできないであろう。では、アリーについて。

アリー・アビー・ターレブは、六〇〇年頃、ラジャブ月一三日にメッカで生まれた。父は、アビー・

ターレブといって、預言者、ムハンマドの父親と兄弟である。したがって、アリーとムハンマドは従兄弟であった。（39ページ、家系図を参照）。また、アリーの生まれる以前のことであるが、ムハンマドが父母を亡くし孤児であった時代、アビー・ターレブは彼を引き取り育てた。さらに重要なことは、ムハンマドが長じて商人として成功を収めた後に起こった。つまり、クライシュ族が大飢饉に襲われたとき、アビー・ターレブは多数の子供を扶養することができなくなり、預言者にアリーを引き取り養育するよう依頼することになったのである。その結果、二人の従兄弟は、年令こそ三〇歳ばかり異なっていたが、アリーは文字通りムハンマドと寝食を共にして成長したのである。六一〇年頃、アッラーの神からお告げを受けたムハンマドは、やがて宣教を開始する。新しい教えについて間近で聞いたと推察されるアリーは、一足早くその教えを受け入れた。彼は、男子で最も早くイスラーム教徒になった人物であるといわれている（ちなみに、最初の女子ムスリムは、ムハンマドの妻ハディージャである）。この時、アリーはわずか一〇歳であった。

迫害されたムハンマドたちがメッカを逃れてメディナに移ってから（ヒジュラ、六二二年）、アリーはイスラームの戦士として多くの戦いで武名を轟かせた。イスラーム暦二年、ラマザーン月のバドルの戦い、イスラーム暦三年、シャヴァール月のウフドの戦い、イスラーム暦五年、ハンダクの戦い、さらにイスラーム暦七年、カイバルの戦いなどにおける彼の活躍は、後々さまざまな神話的物語を生み出し、多数の信者に偉大なる武人アリーのイメージを作り出すことになった。

さらに、アリーとムハンマドの関係において重要な事件は、イスラーム暦二年における、預言者の娘ファーティマとの結婚である。アリー二一歳、ファーティマ一五歳の時であった。このように、アリーは預言者の家系であるハーシム家に属するばかりでなく、彼の従兄弟であり、養子、しかも女婿であったため、ムハンマドと非常に親密な関係をもっていた。やがて、彼の従者の間では、この特異な位置と彼の人格に対する熱烈な支持と崇拝の感情が生まれてきた。これがいっそう鮮明に、しかも血なま臭い党派間の争いとして表面に現われるのは、預言者の没年六三二年以降のことであった。

シーア派の運動の発端は、預言者ムハンマド亡き後、アラブ人ムスリムの間で生じた後継者をめぐる宗教、政治的闘争であった。ムハンマドの没後、ウンマ（信者の共同体）は、最も偉大な指導者を失い、困難の極地に達した。ウンマにとって、新しい後継者を選び出すことが急務であった。この状況下にあって、すでに述べた理由から、アリーは、こと家系と血統に関するかぎり、ムハンマドの後継者として最有資格者であった。

しかも、シーア派信者の間では、ムハンマド自身が、生前にアリーを後継者に任命していたという伝承が固く信じられていた（後述）。いずれにせよ、預言者の後継者は、ハーシム家の者でなくてはならないと信じる少数の人々は、アリーがまさにその人物であると主張したのである。この一団の人々は、シーアアリー（アリーの一党）と呼ばれた。これまで使用してきたシーア派の語の起源はここにある。

しかし、実際にムハンマドの後継者（カリフ Khalifa）に選出されたのは、ムスリム共同体の長老アブー・バクル（六三二―六三四年）であった。彼の死後は、ウマル（―六四四年）、ウスマーン（―六五六年）が相次いでカリフに任命され、ようやくアリーがカリフの地位に即いたのは、ムハンマドの死後二〇年以上も経過した六五六年のことにすぎない。

しかも、このカリフ任命すら順調に行なわれたわけではなかったので、五年足らずの彼の統治期間は、安定を欠いた相次ぐ内乱の時代であった。とりわけ、ウマイア家との権力闘争は熾烈であった。しかし、すでに第2章で述べたように、アリーのウマイア家に対する対応のし方が徹底しなかったため、一部の者が彼の陣営から離脱した（ハワーリジュ派）。この離脱事件は、後に彼の暗殺へとつながるのである。

六六一年、ラマザーン月一八日、アリーはクーファにあるモスクで朝の礼拝を行なうためにそこへ向かった。そして、そこで彼を暗殺するために待ち受けていたハワーリジュ派の刺客イブン・モルジェム（Abd al-Rahman b. Muljem al-Maradi）の凶刃に斃れたのである。アリーは、この後数日間生と死の間をさ迷うが、同月二一日、ついに他界した。彼の遺体は、遺言に従ってクーファから程近いナジャフに埋葬された。この地は、それ以来今日にいたるまで、サーマッラー、カーゼマイン、カルバラーなどの聖地と並んでシーア派の学問の中心地として、また巡礼地として多くの信者に崇められてきたのである。

以上で述べたシーア派の運動は、その後紆余曲折を経てさまざまな分派が生じることになる。その中で現在最大のグループが十二イマームシーア派である。

ところで、シーア派の運動は元来アラブ人ムスリムの間における宗教、政治闘争に端を発すると述べたが、以下の解説において主要な事例がイランの歴史、社会からとられているため、ここでこのイスラームの一派とイランとの結びつきについて少し触れる必要がある。イランがイスラーム化されたのは、七世紀の末葉であるが、一四～一五世紀にいたるまでイラン人の大半はスンナ派に属していた。しかし、サファヴィー朝（一五〇一－一七二二年）の成立と同王朝の宗教、政治政策によって十二イマーム派が国教に制定されることになり、イランと同派の結びつきは決定的になった。以来、イランでは、イスラーム共和制体制の今日にいたるまで、十二イマーム派シーア主義が国教の位置を占めている。

さらに、イスラームとイランの結びつきに関して非常に興味深いことは、すでにブーヤ朝（九三二－一〇六二年）において、アリーの息子ホセイン（厳密には、預言者ムハンマドの娘ファーティマから生まれた第二児）とイランのサーサーン王朝（二二六－六四二年）の最後の王ヤズデギルドⅢ世の娘が結婚して、その結果四代目イマームが生まれたという考えが存在したことである。つまり、この時以後のイマームには、預言者の家系の血とイラン王家の血とが相混じることになったというのである。この考えは、現在でもイラン人ムスリムの間で「真実」として巾広く信じられている。このように、イスラームのイラン的解釈が行なわれてきたのである（第5章で詳述）

さて、上述したアリーの経歴とシーア派発生の経緯についての説明から、どうして十二イマーム派シーア主義の学者たちが異常なまでに初代イマーム・アリーの特異な位置を強調してきたか首肯できる。そして、彼が預言者ムハンマドの直接の後継者であり、信者の政治、社会的指導者であるばかりでなく、霊的指導者であるという主張は、ウラマーの著述の中心を占めてきたのである。

宗教学者たちのこの熱意は、単に彼らの机上の空論、高邁な知的遊戯に終ったのではない。彼らの思索と体系化の成果は、彼ら自身の説教や職業的説教僧（ヴァーエズ、vaez）の説教などを通して、より教育レベルの低い人々に対して彼らが理解しやすい用語を用いて伝えられてきた。その一方で、一般信者の俗信や土着信仰がウラマーの解釈に逆投影され影響力を与えるなど、複雑な様相を呈しながら、アリーはムスリムの間で受け留められてきたのである。

そこで、このアリーについてムスリムが具体的にどのように受け留めてきたのか、先に行なった分類に従って検討を加えることにする。

2 宗教的エリート（神学者、法学者、伝承学者等）によるイマーム・アリー像

既述のように、シーア主義が存在することの根本は、アリー・アビー・ターレブが預言者ムハンマ

ドから直接、公然と後継者としての承認を受けたか（nass-e jalli）、あるいは、暗黙のうちに承認を受けたか（nass-e khafi）、そのいずれにせよ、この承認に対する絶対的信仰である。したがって、神学者や伝承学者たちが、並々ならずこの点に注意を払ってきたことには十分な根拠がある。シーア派のウラマーにとって、アリーが預言者の後継者であり、信者の霊的指導者であることを証明することは、実に死活の問題であったといっても過言ではない。こうして、ウラマーの著作の中で「イマーム論」が最も重要な部分を占めることが理解され、普通それは次の項目について行なわれる——

(1) イマームが存在することの必然性、不可避性について。イマームであるための諸条件。
(2) アリーは、紛れもなくムハンマドから直接後継者としての承認を得た。
(3) (2)の事実にもかかわらず、偽善者たち（munafeqan）がこれを無視したことに対する批難と攻撃。
(4) アリー以下一二名のイマームの業績、奇跡に関する伝承、ならびにその解説。
(5) 十二代目『隠れイマーム』の再臨とそれに伴う公正（adl）の到来と不正（zulm）の克服。信者たちの救済。

(3)及び(5)は、本章の主題とは直接関係がないので、(1)、(2)および(4)について具体的に論じることにする（なお、(5)については、第8章で詳述する）。

現代イランの哲学者で神学者、タバータバーイー（Allama Sayyid Muhammad Husain Tabatabai）は、イマームが存在しなくてはならない理由を次のように説明している。

「人間というものは、神から授けられた性格上、組織された統合体、例えば国や町、村、部族等々において、指導者がいなければ成り立たないことを知っている。イスラームの宗教もまた社会的な宗教であるから、神御自身も預言者も社会集団とその指導者、およびその後継者の問題に対して大いなる関心をもっていた。このようなわけで、イスラーム共同体にとって指導者（イマーム）は必ず存在しなければならず、紛れもなく、ムハンマドは自らの後継者としてアリーを任命したのである」と。

またマジュリスィー（Allama Muhammad Baqer Muhammad Taqi Majilisi）は、次のように説明している。

イマームとは、ウンマの政治、宗教のみならず、あらゆる問題に関する指導者（muqtava, pishva）であり、預言者の代理（niyabat）、および後継者（janeshini）としての機能を果たす。イマームが存在しなくてはならない理由は、信者の共同体は常に過誤を犯す傾向があるので、これを矯正する必要があるためであり、イマームがシーア派の共同体に送られているのは神の恵みである、と。そして、イマームであるための資格に関して、細目にわたる条件が述べられている。それらの中で最も重要なものは——

(1) イマームは、信者共同体のすべてのことについて最もよく知っている、最も学識のある者（afzal）でなくてはならない、

(2) イマームは、預言者同様無謬性（ismat）をもっていること、

(3) 彼は、ハーシム家の者でなくてはならない、などである。

この他に、勇敢であること（shojaat）、完全なる資質（sefat-e kamel）を保持し、勇気、寛容（sekhavat）、男らしさ（muravvat）、慈愛（karm）をもっていること、さらに盲や癩病など肉体的欠陥がないこと、また嫉妬心（kakhal）や貪欲（hers）その他の性格的欠陥がないこと、そして奇跡を行なう能力があることなどがイマームである条件として列挙されている。

以上の諸条件を備えたイマームが、十二イマーム派では一二名いるわけであるが、その初代がいうまでもなくアリーなのである。したがって、第(2)点のアリーが、神およびムハンマドから後継者としての任命を受けた紛れもない信者共同体の指導者であることを証明することが必要不可欠となるわけである。この点を実証する証拠として、シーア派神学者、伝承学者によって四つの事件が挙げられている。

第一は、ムハンマドがイスラームを宣教する決意をしたとき、彼が親戚、縁者の者にその旨を伝えたときのことである。預言者は、居合わせた人々に対して教えを受け容れるよう勧めたが、わずか一

ガディール・フンム事件．アリーがムハンマドに後継者と任命されたとシーア派信者が信じる出来事（19 世紀カージャール朝期）

小学校教科書の「ガディール・フンム事件」

〇歳ばかりのアリーの他は、誰一人これに耳を貸さなかった。預言者は、この少年の入信をよしとした。

第二は、アリーがカイバルの遠征に出かける際の預言者の言葉である。

「汝は余から出でて、余は汝から出でた。汝は余の後を継ぐ。……汝と余の関係は、アロンとモーセの関係の如きである。……汝は、最後の審判に際して、余と最も近い所におり、カウサルの泉で余の隣りに侍るであろう。……汝に敵する者は、余に敵するのであり、汝に対する戦いは、余に対する戦いである。……汝は神に対して、余と同じだけの信仰をもっている。汝は、余に至る扉（bab）である。」

第三の事件は、イスラーム暦九年、タブーク遠征に際してである。この時も、ムハンマドはアリーに対して、「……汝と余の関係は、アロンとモーセの関係の如きである」と告げた。

そして、アリーが預言者ムハンマドから直接、公然と後継者に任命されたという主張の第四番の根拠であり、おそらく最も重要と考えられるのが「ガディール・フンム（Ghadir Khumm）事件」である。したがって、この事件の経緯について、少し詳しく説明を行ないたい。

「ガディール・フンム事件」とは、六三二年、ムハンマドが「別離の巡礼（Hujjat al-Veda）」からの帰途、カディール・フンムという小さな池のある場所に立ち寄り、そこでアリーを自らの後継者として任命した、とシーア派信者によって固く信じられている出来事である。その事件の次第は次のとおりである。

その日はとても暑く、肉を地面の上に置けば焼けてしまうほどであった。ムハンマドは、木陰の下をハールの木（khar）で蔽い、そして石を積み重ねて説教壇を作ること、さらに被せ物（jame）をその上にかぶせるよう、マグダード（Magdad）、サルマーン（Salman）、アブー・ザッル（Abu Dharr）およびアナール（Anar）といった教友に命じた。そして、預言者は設定された壇上に登り、アリーの腕をとって高く挙げていった。「アリー・アビー・ターレブは、私の兄弟であり、私の代理人（Khalifah）であり、イマームである。私の後、彼は私のすべての知識を獲得した。」さらに引き続いて次の有名な言葉を述べた、「私がその者のマウラー（mawla）である者は誰でも、アリーがその者のマウラーである。神は、彼を愛する者を愛され、彼を憎む者を憎まれる。彼を援助する者を援助せよ。そして、彼に従う者に従え。」

この伝承の内容は、スンナ、シーア両派のハディースに記録されており、おそらく史実であろう。しかし、両者の間に解釈の相違があることはいうまでもない。スンナ派は、これがムハンマドによるアリーを直接後継者として認定する事件とは見なさない。

しかしながら、シーア派の信者にとって、ムハンマドの直接の後継者は、アリーに先立つ三人のカリフではなく、アリーその人である。したがって、三人のカリフは、彼の権力、権威の簒奪者であると考えるのである。

すでに述べたように、シーア派の宗教的エートスの最も重要な部分として、アリーに対する絶対的帰依という原則が存在した。この原則は、単なる信者共同体の宗教、政治的指導者という枠を越えて、後代アリーを超人、あるいは半神格化された人物という次元にまで拡大されることになる。この点で興味深いのが「原初の光」をめぐる議論であろう。つまり、人類の創造の初めに神からアダムに与えられた神的な光の本質は、彼以降の諸預言者に次々と伝えられていった。そして、この光がムハンマドとアリーの共通の祖父（すなわちAbd al-Muttaleb 39ページ家系図参照）の腰に達したとき、それは二つに分裂した。つまり、一方は預言者の父アブドッラーに、他の半分はアリーの父アビー・ターレブに入ったのである。この後、アビー・ターレブに入った「原初の光」は、アリーを通じて一一人のイマームに相次いで引き継がれてゆくのである。神的「原初の光」については、第6章でも触れるが、イマームをイマームたらしめる本質的性格を賦与するものであり、一般の人々を遙かに凌駕した霊的能力の根源となるものである。

この議論は、簡単にいえば、神与の光源がムハンマドとアリーの間で算術的に均等に二等分されたということであり、神知能力においてアリーとその後継者（イマーム）が、預言者ムハンマドと勝らずとも劣らないレベルに達しているという主張に他ならない。

アリーとその後のイマームの神知能力と霊力を強調する傾向はさらに進み、マジュリスィー（一七世紀末）においては、アリーがムハンマドに勝る霊的影響力をもつかのように提示されるようになった。シーア派のある伝承によれば、ムハンマドがミラージュ（天界への飛翔）の際、最上天において、天使の間では自分以上にアリーがよく知られていることを認めるくだりがある。

いずれにせよ、ムハンマドによって直接後継者に任命されたアリーは、シーア派の信者にとって聖人であり、武勇の人であり、超人的能力の所有者である。彼の高い倫理性、道徳性については、彼の説教（khatabeh）や書簡集である『ナフジュル・バラーカ（『雄弁の技術』Nahj al-Balagha）』に詳しく記録されている。また、彼の武勇、奇跡にまつわる伝承が、今日まで伝承学者によって数多く残されている。

例えば、カイバルの戦いにおいて、それを運ぶのに五〇人以上の人力を要する重量の巨大な砦の扉を、アリーがたった一人で持ち上げて地面の上に置いた話、また、彼の名刀ズール・ファッカール（Dhu al-Faqar「脊椎の持ち主」の義）は、多くの神話的伝承を生んだ。もともとこの刀は、バドルの戦いで敵から奪い取ったものであるが、ムハンマドによってアリーに授けられた。その切れ味は見事なもので、馬上の敵の体を真二つに切り、「下半身がまだ馬上にあるのに、上体は大地を転がる」有様であった、といわれる（巻頭、アリー像を参照）。

アリーが怪力でソロモン王が据えた洞穴の柱を抜き，その結果美味な水を手に入れることができた場面（1480年，シーラーズ）

さらに、ムハンマドの一行がある部族を平定する途次、荒れた渓谷にさしかかった。その渓谷には、ジン、悪霊どもが教友の一行を妨害、眩惑しようと策謀を練っていた。ムハンマドは、アリーに一団の者とともにジンを退治するように命じた。彼に同行した者は、余りの恐ろしさに地に足がつかぬ状態であったが、アリーは、アッラーの御名を唱えながら歩を進めたので、ジンどもは縮み上がってしまったということである。この他、彼は魚に話しかけることができたなど、アリーの超能力、奇跡に関する伝承は多い。

以上で紹介した幾つかの伝承の全体としての特徴は、

高い道徳性、武人としての能力、超越的、魔術的能力など、完璧な人間、あるいは、超人（半神？）としてアリーの提示しようとする点にある。

これらの神話的伝承は、後述する一般信者の日常生活レベルでのアリー像と密接に結びついていると推察できる。したがって、エリート宗教家の著作が一般信者の宗教とは無縁であるという議論には疑問の余地がある。逆に、ここで注意を喚起したいことは、以上の宗教的知識人によって構築されたイマーム・アリー像は、知識人の信仰心や敬虔な想像力を駆使した結果生まれたものであって、けっして彼らの知的遊戯の産出として提示されたのではない、ということである。

このイマーム像は、彼らの信心の所産として生まれたこと、ついでさまざまな手段を用いて一般信者に対しても影響力を与えてきた点は重要である。この意味で、例えば説教僧（vaez）の果たす役割に注意を払う必要がある。彼らは、日常生活の幾多の機会を利用して、難解な教義の内容を平易に、一般信者の言葉と用語を用いて解説を行なってきたのである（第1章18ページ参照）。

しかしながら、総じて、宗教的知識人のアリーに対する接近方法は、極めて思弁的であり、宗教的シンボルの解釈に際して独特な立場を堅持することは明らかである。

3 世俗的知識人（インテリ、学生、など）によるイマーム・アリー像

ウラマーのグループに対して、職業的宗教家ではないが、世俗的高等教育を受け、しかもイスラームに対して重大な関心をもつ知識人ムスリムのイマーム・アリー像は、上記の人々のものとは多くの点で異なっている。彼らの中には、ヨーロッパやアメリカで教育を受けたり、あるいはその影響の下にある人々が多く、思考のさまざまなレベルで西洋の合理主義およびそれを基礎にして生まれた概念や価値観の影響が顕著である。しかし、その一方で、旧来のイスラーム的価値を重視し、それに再評価、あるいは再解釈を試みる点にこのグループの特徴がある。

このグループと同様の傾向をもつ人々の雛型は、すでに立憲革命期（一九〇五―一九一一年）に見られる。しかし、資料の豊富さ、および印象が鮮明であるという意味で、一九七八―一九七九年のイスラーム革命に恰好の事例を見出すことができる。革命期間中、またそれ以前から多くの民衆指導者によって数知れない説教、講演が行なわれたが、その中に幾つかのアリーを取り扱った興味深い講演があるためである。そして、このような世俗的傾向をもつムスリム指導者の代表として挙げることができるのであるが、バーザルガーン（Mehdi Bazargan）とシャリアティー（Ali Shariati）である。

二人は、テヘランにあった「ホセイニエ・イルシャード」という教育機関において、大学生や一般

知識人を対象とする数多くの講演を行ない、いわゆるインテリの糾合、統合に甚大な影響力をふるったことはよく知られている。特にシャリアティーは。その雄弁さと博識、さらに革命運動半ばにして急死したことによっていわば「神話化」された結果、革命中ホメイニー師と並ぶ今一つのシンボルとして、知識人を中心とする人々の間に絶大な人気を博していた。

彼は講演の中で、アリーを現代的に解釈する試みを行なっている。彼はアリーの生涯を(1)教化の時代（ムハンマドのそばにいてイスラームの基礎について学習した時代）、(2)統合の時代（三人のカリフの時代で、アリーが沈黙し、忍耐した内的統合の時代）、(3)公正の時代（彼がカリフであった理想の時代）に分類して、これをイラン社会の発展になぞらえて説明を行なっている。

また、『アリーは孤独である』の講演においては、一般の人々による感情的、無定見なアリー崇拝を戒め、誤解されて孤独なアリーに理性の目を以って接し、彼の立場を理解するよう勧めている。『アリー、彼の死後』では、現代社会においては、文明、経済、技術の分野では著しい発展が見られるものの、知性（manaviyatt）において立ち遅れている、この意味で現代という時代こそ、アリーの真の意味を知る必要がある時代であるとして、アリーの真の使命は、彼の死後いっそう重要になったと主張している。そして、アリーを知的、社会的、人間的知性の典型として把握し、彼によって開始されたシーア派の真髄を現代に合致した形で、社会的、政治的に理解してゆくことの必要性を説いている。また、そのためにたとい世の人々を敵にまわしても、真理について発言せず黙していてはならない、と戒めている。

しかし、シャリアティーの議論は、しばしば散慢であり、整合的を欠く傾向があるため、ここではバーザルガーンの講演の一つ『アリーとイスラーム』に見られる論点を詳しく紹介し、世俗的知識人グループによるアリー像を眺めてみたい。

バーザルガーンの講演に見られるアリー像を整理すれば、次のようになる――

(1) アリーは、廉直な人物であり、高い存在の秘密を知った人物であるが、同時にこの地上の人物でもある。彼は、行動力と影響力をもち、同時にそれを結実させる人物であった。

(2) アリーは、敬虔で禁欲的な人物であった。しかし、彼は同時に最も行動し、影響力をふるった人物であった。モスクで祈り、神に語りかけたが、けっして人間のことを忘却していたのではない。彼は神にも顔を向け、人にも顔を向けていた。

(3) アリーは雄弁家であったが、単なる雄弁家ではなかった。イランの民族叙事詩『シャーナーメ』の作者フェルドゥーシーや『バラ園』などで知られる詩人、サァディー、あるいはヴォルテールなどは、雄弁家ではあっても行動が伴わず、また立憲革命の指導者、サッタール・ハーンやアフシャール王朝の開祖、ナーディル・シャーは、行動力をもっていたが雄弁家ではなかった。これに対して、アリーは雄弁さにおいて比類なく、勇気と果敢さにおいて誰にもひけをとらなかった。

(4) アリーは、戦いにおいて勇敢であり、まさに神の獅子であった。

(5) 人間の徳性は、勇気と洞察力（basirat）、なかんずく公正（adalat）である。アリーはこれらを体現していた。

(6) アリーはまた、単に勇気のある人物ではなかった。彼は、不正（zolm）に泣く人々に同情できる人物であった。彼は、血も涙も通った人物なのである。

(7) アリーは、単なる宗教の人（mard-e mehrab）ではなかった。彼は単独で生きた人物ではなく、人々と共に生き、人々の上に（指導者として）立つことのできる人物であった。そして、民主主義の考えをもった人物であった。

(8) アリーは、人類と人間性（bashariyat va ensaniyat）の模範であった。

以上のように、アリーについて事細かに説明した後、バーザルガーンは、次のように結論する――

イスラームはアリーをもたらし、彼は神の子であり、神の力の顕現であった。アリーという個人は、イスラームの真理と偉大さと創造力の証しであった。……アリーは普遍的であり、イスラームも普遍的である。彼は神の人であり、また神の創造物であり、この世の人でもあったのである。

世俗的ムスリム知識人の代表であるこの二人の人物に共通した特徴として、次の諸点を挙げることができるであろう。第一に、バーザルガーンもシャリアティーも共に職業的宗教学者ではなく、世俗的教育を受けた知識人を代表する人たちであり、彼らの聴衆は、なんらかの高等教育を受けた人々であった点を指摘できる。彼らは、宗教学者による伝統的な宗教的シンボルの解釈から離脱して、なんらかの独自の解釈を施そうとしている。第二は、彼らが初代イマーム・アリーを論じる際、一般の人々

天使ガブリエルがアリーの神性を宣言する図（1480 年シーラーズ）

天使ガブリエルがムハンマドにアリーの武勇を報告する場面（1480 年シーラーズ）

の間に存在する「超人的」、あるいは「半神格化」されたアリー像が自明の前提として取り扱われている点である。「ガディール・フンム事件」や「鉄の扉の奇跡」などが、繰り返し二人の口から発せられている。この事実は、これらの神話的要素が批判的に受け入れられようと、あるいは肯定されようと、イランにおけるシーア主義の伝統の深さを傍証するものである。同時に、宗教的シンボルのもつ可塑性を知るうえで極めて重要である。つまり、イランにおけるシーア派イスラームの伝統の中で、アリーという人物は、なんらかの形で絶対多数の人々の間で受容され、影響力をもっているわけであるが、それを解釈する人々によって生じてくるイメージは千差万別である。このシンボルを、バーザルガーンやシャリアティーのように現代的に解釈することもできれば、神学者のように伝統的な方法で理解することも可能である。また、後述するように、一般の信者のような直感的、感性的把握を行なうこともできるのである。こうして、アリーやその他の宗教的シンボルが、世俗的ムスリムによって新たなイデオロギー、行動の原理を形成する媒介として利用された点を看過することはできない。

第三は、両者に共通して、「半神格化」されたアリー像をそのまま受容するのではなく、むしろ一般の人々の間に流布する消極的で、現実の諸問題から乖離したアリー像を批判している点である。その批判において、現実の革命運動の波が高揚する中で、アリーを「行動の人」と提示することによって、聴衆に対して行動の必要性を説く手段としているのである。

彼らの講演に見られる特徴の最後として、以上の現代的解釈、あるいは合理化の過程において、旧来のイスラームの重要な概念（例えば、「公正（adl）」や「不正（zulm）」）とともに、ヨーロッパの新しい概念（民主主義や進化論など）を用いて説明を行なっている点を指摘することができる。聴衆の中に学生およびその他の世俗的教育を受けた知識人が多数を占めていた事実を考慮に入れれば、この傾向は自然である。さらに注目すべきことは、バーザルガーンもシャリアティーも共に、イスラームの諸価値を全面的に否定していない（できない）点であり、旧来の価値と新しい価値とをなんらかの形で統合、ないしは融合することによって、独自の価値の体系を構築しようとしている。それが成功したかどうかは別として、イランにおけるイスラーム近代主義を考察する場合、以上の諸点から彼らの役割を評価する必要があろう。

4　一般信者のイマーム・アリー像

冒頭で行なった『ムスリム』の分類の最後のグループ、一般信者によるアリー像に顕著に見られる特徴として、さまざまな俗信的要素、および土着的要素が濃厚であり、宗教感情の表現がしばしば極端にまで露骨である点を指摘することができる。特に、次章で扱うことになる受難劇（タァズィーエ）に観察できる強烈な宗教感情の息吹きは、恰好の例であろう。

イランの宗教行事の暦

月	日	行事
モハッラム	1	喪の開始
	10	アシュラー，三代目イマーム・ホセインの殉教記念日（タァジーエの行進）
	12	4代目イマーム，ザイヌルアーベディーンの命日
サファル	1	アリーとムアーウィアの戦い
	3	5代目イマーム，ムハンマド・バーケルの誕生日
	7	7代目イマーム，ムーサー・カーゼムの誕生日
	17	8代目イマーム，アリー・レザーの殉教*
ラビー・アル・アッヴァル	5	3代目イマーム，ホセインの誕生日*
	8	11代目イマーム，ハサン・アスカリーの命日
	12	マホメットの誕生日
	14	アブー・バクルがカリフになる
	15	ホセインを殺害したヤズィードの死
ラビー・アル・アーハル	4	ハサン・アスカリーの誕生日
ジョマーディ・アル・アッヴァル	4	2代目イマーム，ハサンの命日
	15	ザイヌル・アーベディーンの誕生日
ジョマーディー・アル・アーハル	3	アリーの妻ファーティマの命日*

	20	ファーティマの誕生日*
ラジャブ	1	ムハンマド・バーケルの誕生日*
	2	10代目イマーム，アリー・ハーディー（アリー・ナギー）の誕生日
	13	アリーの誕生日
	27	ミラージュ（マホメットの第七天への旅）
シャバーン	3	ホセインの誕生日*
	15	ファーティマの誕生日*
	〃	アリーとファーティマの結婚記念日
	〃	12代目イマーム，ムハンマドの誕生日
ラマザーン	1	断食月の開始
	2	ファーティマの命日*
	15	ハサンと9代目イマーム，ムハンマド・ジャワード（タキー）の誕生日
	18	アリーが凶刃に斃れる
	21	アリーの命日
	24	イマーム・アリー・レザーの殉教*
	27	アリーの暗殺者，イブン・モルジェムの処刑
シャヴァール	1	フィトル，又はウルジュ・バイラム祭（断食明けの祭）
	4	12代目イマームの「お隠れ」

	12	マホメットが月を打つ
	25	6代目イマーム，ジャファルサーディクの殉教
スール・カダー	11	イマーム・レザーの誕生日
ズール・ヘッジャ	10	コルバーン・バイラム（犠牲祭）
	13	アリーがカリフに就任する
	18	マホメットがアリーを後継者に任命する（ガディール・ホムの記念日）
	25	ハタム・バフシュの祭
	26	オマルの命日（道化の芝居が行われる）

ところで、イラン人の宗教的年中行事の一覧表（82-84ページ）を一瞥して気づくことは、新年（ノウ・ルーズ）を別にすれば、大多数の重要な行事が、イマームあるいはイマームとなんらかの関連をもつ人物に由縁がある点である。本章の主題に従って、アリーに因む行事を列挙すれば次のとおりである——

(1) ラジャブ月一三日、アリーの誕生日。

(2) シャバーン月一五日、アリーとファーティマ（ムハンマドの娘）の結婚記念日（同日は、十二代目イマーム「マフディー」の誕生日にも当たる）。

(3) ラマザーン月一八―二一日、アリーが刺客に討たれ、生と死の間を迷った期間で、服喪の期間である。
(4) 同月二七日、アリーの殺害者イブン・モルジェムの処刑記念日、一変して人々は祝賀を行なう。
(5) ズール・ヘッジャ月一三日、アリーがカリフに就任した日。
(6) 同月一八日、アリーがカディール・フンムでムハンマドによって後継者に任命された記念日。「セイエドの日」と呼ばれる。また、この日人々は兄弟の契約を互いに結んだ。

このように、イラン人の日常生活の中で重要な部分を占める年間行事において、アリーにまつわる行事が多いことがわかる。

この他にもアリーと結びついた俗信の類は多い。アリーとジンの関係についてはすでに触れたが、彼が悪霊（div）をムスリムに改宗させたり、また彼の護符を作ってそれを身に帯びた者は、もはや悪霊に襲われることはない、という信仰もある　。さらに、マシュハド近郊では、人々がピクニックに出かけたとき、川岸からそびえ立つ切り立った岩山を眺めて、それがアリーの伝説の名刀ズール・ファカールによって切り取られたのだとして、彼の勇武に思いを馳せるという報告がある。また、同地方の温泉場においては、かつてアリーがこの地を訪れ、そこで祈りを行なったといわれており、その時残した膝の跡が今も残っていて、訪れる人々に崇められている。

この他、人々がアリーをはじめとする一二人のイマームの名にあやかって新生児に命名することによって、イマームの加護と祝福を願うというのも、一般信徒の日常生活レベルにおけるイマーム崇拝の一例であろう。

さらに、付言すればたびたび言及したタァーズィーエは、一般信者の宗教的情熱が最も生のまま発現する好例として、注目すべき宗教・社会現象である。この興味深い行事は、しばしば三代目イマーム・ホセインの殉教がそのモチーフのすべてであるかのように強調されるがタァーズィーエのシナリオなどを検討すると、アリーとその一族の悲運が最大のテーマであって、ホセインの殉教は、そのクライマックスであることがわかる。

このように、さまざまな形でアリーは一般の信者の間で受け容れられている。その特徴は、概して、思弁性、合理性に基づく整合性を欠き、土着信仰や俗信の要素が多い点である。そして、生のままの宗教感情が、露骨に表現されている場合が多いといえる。高等教育を受け、世俗的価値に最大の信頼を置く現代人の冷ややかな観察に従えば、あるいは愚とも映るこれらの慣習とそれに基礎を置く行動は、多数の信者にとって、自らの実存の喜悦と悲哀を表現するのに最もふさわしい手段なのである。

5 まとめ

以上において、イラン人ムスリムの間で観察できるイマーム・アリー像について考察を行なった。ここで取り上げた三つのグループ相互の間には、アリーを理解する方法に明白な相異が存在することを示したが、それらが互いに排斥し合っていることを示すことが本来の意図ではない。むしろ、逆に、これらのグループの間にある多くの重なり合い、影響を与え合う複雑な現実を認識することが肝要である。

例えば、聖地への巡礼やイマームザーデへの参詣、ならびにアリーを神格化して把握する傾向は、すべてのムスリムに多かれ少なかれ観察できる。さらに、別表で示した宗教的年中行事には、一般信徒のみならず、宗教学者や世俗的知識人も参加してきたのである。

この他、宗教的知識人、および世俗的知識人の側から一般の信者への働きかけ（教化）も盛んに行なわれてきた。具体的には、職業的説教僧が、高邁なイスラームの教義を無学な一般信者に理解しやすく解説を行なったり、また、バーザルガーンやシャリアティーの聴衆が、職場や学校、バーザール、家庭などの場において、講演の内容をより教育レベルの低い人々に説明を行なったと推察することは容易である。このようにして、思弁的なアリー像は、少しずつ形を変えながら、巾広く人々に伝えられていったのである。

これとは逆に、一般信徒の土着的、俗信的イスラームが、教養人に突き上げを行なって影響を与えたことを見逃してはならない。例えば、タァズィーエに見られる宗教的熱狂は、反イスラーム的であるとして、秩序を好むウラマー階層や統治者の立場から必ずしも歓迎されるものではなく、むしろ忌避されてきた。しかし、実際彼らはなんら有効な手段を講じることができずに、半ば暗黙の了承を与えていたのが実情である。また、逆にウラマーたちは、一般信者の宗教的熱狂を利用して、反政府運動をあおることすらあった（第4章109ページ以下参照）。さらに、アリーをはじめとするイマームの奇跡に関する伝承の中には、既存の民間伝承にイスラームの名のもとに合理的説明が加えられたと考えることができるものが多いようである。

こうして、イマーム・アリーのイメージは、さまざまな人々の間で多様に受け留められていることがわかる。そして、その受容の結果、ムスリムの日常生活の諸層で、ある時は強烈な、またある時は微妙な影響力を行使していると考えることができるのである。

この意味で、冒頭で引用したハサン・サドルの見解は示唆に富んでいる。つまり、真に影響力をもつ宗教は、単なる思弁の産物でも、また露骨な感情流出の結果から生まれたものでもない。熱烈な信仰や禁欲主義は、時として極端で過激な党派主義に陥ったり、あるいは社会からの逃避をもたらす。また逆に、宗教を冷徹な理性の力で理解し去ろうとするのは愚の骨頂と思われる反面、宗教に確固とした理論的枠組、組織化がなければ、その宗教を永続化させることはできない。教義とそれに基づく社会活動の規範としての宗教は、合理性をもち、それ故に永続性をもつと考えられる。両者の間に程好い調和がなければならない。現代シーア派の思想家が、ロゴスとパトスの両面から宗教を理解し、アリーを両者の体現として把握している点は、宗教的シンボルを以上の脈略で理解する際、非常に示唆的であると思う。

この点は以下の章で、三代目イマーム・ホセイン、六代目イマーム・ジャファル・サーデク、八代目イマーム・アリー・レザー、十二代目イマーム・マフディーの解説を通じていっそう明らかになるだろう。

第4章 三代目イマーム・ホセインとタァズィーエ
——歴史の中のパトス

1 カルバラーのイマーム・ホセイン

サファヴィー朝初期『殉教者の園』より

いくつかの伝承には、次のように記されている。

すなわち、イマーム（ホセイン）は、再び、みずからユーフラテス河の辺りへ行き、御手で水をすくいあげて飲もうとし給うた。すると、子供達や妻たちのことを思い出され、その水を流してしまわれた。

また、このように伝えられている。

（イマームは）水の入った掌を口元まで上げ給うた。まだ水が喉に届かぬうちに、ハシーン・ナミールが殿の尊き口に矢を射た。（イマームは）水をお飲みにならず、殿の口は徐々に血があふれた。敵どもは襲いかかり、イマームの愛しの御身体に多くの傷を負わせた。イマームは戦うことを控え、また従者たちも控えた。ここにいたっても、敵は手綱を再び引いた。オマル・サァドは、この時イマームが弱っ

カルバラ事件（カージャール朝期）

カルバラー事件

ているのを見て、彼のほうに向かった。イマーム・ホセイン（彼に平安あらんことを）は言い給うた。

「汝は、我を殺害するためにわざわざやって来たのか。」

オマル・サァドは恥を感じ、再び手綱を取って、そこから立ち去った。しかし、シムルは歩兵たちにいった。

「彼の回りを囲め。」

歩兵たちがイマーム・ホセイン（彼に平安あらんことを）の回りを囲んだとき、シムルは、剣を彼らに手渡した。ところが、すべてのものは逃げてしまった。

シムルは、恥じて気乗りのしない一団の者とともにイマーム・ホセイン（彼に平安あらんことを）の前に駒を駆った。軍の中の幾人かは、天幕へ入り、略奪を望んだ。イマーム・ホセイン（彼に平安あらんことを）は、叫び給うた。

「おお、アブー・スフヤーン一族のものよ。汝らには宗教がないために、恥について思いを致さず、我が家族を襲うのだ。」

シムルは言うた。

「何故、かようなことを言いなさる。」

（ホセインは答えて）言い給うた。

「汝の目的が我を殺害することであるならば、今、我はここに立っている。さあ、汝と戦いをしよう。我の願いは、我が命あるかぎり何人も我が家族を襲わぬようにすることである。」

シムルは言った。

「ファーティマの子よ。この望みはかなえられよう。」

そして、天幕に向かっていた一団ものを呼び返して言った。

「天幕の人々を襲撃していったい何が得られよう。われらの目的はイマームの殺害である。もしその目的を果たすのなら、ここで行なえ。」

その一団の軍は、戦を開始した。イマーム・ホセイン（彼に平安あらんことを）は、こうして立ち尽くし、彼らを睨んで言い給うた。

「驚くべきかな。見渡すところ、援けも仲間も見えず。幾度も見渡せど、優しさも、哀れみも得ず。」

我が見る栄えは、我に目を向けず
すべての中にて、我は　外人（とつびと）　知る者もなし
いずこへ行かん　何をかせん　いかにして道を進むべし
かかる砂漠にては　道はなし

また、次のように伝えられている。

七二の槍、矢、刀の傷が殿に打ち刻まれた。この状態で、イマームはキブラの方向を向いてお座りになっていた。（兵士は）一人、二人と次々に殿を殺害せんとやって来た。このものたちが殿を一瞥した

とき、彼らは恥じ入った。すぐに戻って、彼らは言った。

「復活の翌日、この血がわれらの首にかからぬように。われらがこのことによって、叱責を受けぬように願います。」

た易き業ならず　預言者一族の血を流すことは

嘆きの塵は

ムハンマドの子の　別離する折

篩いにかけらる

しかるに、兵士たちが口実を設け、イマーム・ホセイン（彼に平安があらんことを）の殺害を逡巡するのを見たとき、シムルは大声で一喝した。

「何をぐずぐずしておるのだ。」

ザルアト・シャリークが来たり、殿に傷を負わせた。他に一〇人の者が、かの指導者に向かう準備をし、殿の近くに迫った。いずこにも来たるべき援けはなかった。

セナーン・アヌスは、かくして槍でイマームの背中を突いた。ホウリー・ヤズィード・アスバヒーは、殿の尊い頭を御身体から切り離すため馬から下りた。彼の手は震えた。その兄弟、シャブル・ヤズィード・モッタセディーは、その有様をなじった。

イスマーイール・ボハーリーは、イマームが倒れたとき、事を成すために単身でやって来た。

イマーム・ホセイン（彼に平安あらんことを）は、彼を見据えていい給うた。

「行け。我を殺害する者は、汝にあらず。我は嘆く、汝が地獄の劫火に襲われる事を。」

その男は、嘆いて言った。

「ああ、預言者の子よ。あなた様は、このような状態にいたっても、なおかつ、われらが地獄の劫火に焼かれぬよう、嘆きなさるのですか。」

そして、イマーム・ホセインを殺害するために抜いたその刀を手に握り、駆けながらオマル・サァドのもとへ行った。

オマル・サァドは問うた。

「どうしたのだ。ホセインの事は、成し遂げたのか。」

（ボハーリーは）言った。

「否。私は、あなたに伝えに来たまでだ。」

彼は刀をオマル・サァドに渡した。オマル・サァドの下僕達は、その男の回りを取り囲み、傷を負わせた。その男は顔をイマーム・ホセイン（彼に平安があらんことを）のほうに向け、言った。

「ああ、神の預言者の子よ。あなたの慈愛深き道の端で、（彼らが）私を殉教者とすることの証人となり給え。明日、私に尋問なさり、そして御みずからの軍の殉教者たちとともに、私を天国へお連れ下さりませ。」

イマーム・ホセイン（彼に平安があらんことを）は、その場で声を上げ給うた。
「喜ばしき心をもつように。我はかく望まん。明日、汝が我とともにあらんことを。」

我が恵の道にありて　汝は殺害されしゆえ
血の値の約束によりて　我は（救いに）出で来たらん

以上は、ホセインの殉教を伝えるサファヴィー朝成立前後に書かれた『殉教者の園』の一部である。前章のアリーが信者にとって完璧な人間の鑑としてイメージされるのに対して、ホセインは、シーア派のパトス（感性）的側面を代表する。すべての生きた宗教においては、崇拝の対象に対する感情の高揚と移入が不可欠である。この意味で、十二イマーム派信仰におけるイマーム・ホセインの役割はいくら強調してもしすぎるということはない。シーア派の信者の間では、上で引用したカルバラーの故事を追体験する行事が行なわれる。これは、毎年イスラーム暦一月（モハッラム月）一日から一〇日に行なわれる。この宗教行事は、タァズィーエと呼ばれる。

2 タァズィーエとは？

タァズィーエの語は、本来死者に対する哀悼を意味するが、一九世紀、ことに同世紀の後半期には、モハッラム月の最初の一〇日間に劇場（タキーエという）で演じられる受難劇を中心とするイマーム・ホセインおよびその従者たちがカルバラーの野で殉死した事件、ならびにその他イマーム一族の悲運に対する哀悼の儀礼に限定して用いられた。そして、タァズィーエを行なうことをタァズィーエ・ダーリーという。

これに対して、死者に対する全般的哀惜の表現は、アザー・ダーリー（服喪）である。もちろんタァズィーエもアザー・ダーリーであることはいうまでもないが、特別な機会に特別な人々（すなわち、イマームとその一族）に対して行なわれるアザー・ダーリーとして用いられるようになった。したがって、日常不幸があった場合、普通タァズィーエとはいわない。上記のとおり、タァズィーエ・ダーリーは、イスラーム暦一月の一日から一〇日に行なわれるが、一〇日目（アーシューラー）に行なわれるイマーム・ホセインの殉教でクライマックスを迎える。タァズィーエの上演は、都市や地方によってさまざまな形態が観察できるが、一般に都市ではタキーエと呼ばれる劇場でイマーム一族の悲史が演じられた。他方、一般の信者の間では街路上での行進が行なわれた。前者がかなり洗練された一種の舞台芸術の様相を呈するのに対して、後者はしばしば奔放な宗教的熱狂が露骨に表現された。しかし、概してモラッハム月のタァズィーエには、程度の差こそあれ、権力者による統制、または、自発的になんらかの規制が加えられることによって儀礼的性格が顕著に見られた。

例えば、上演者の登場の方法や街路での行進において、隊列の組み方、服装などに一定の規則があった。タァズィーエの上演、ならびに行進においては、楽隊、胸打ち（シーネ・ザニー）、頭打ち（サル・ザニー）、ガンメ・ザニー（短刀で頭や体を傷つける行為）、ザンジール・ザニー（束にした鎖で体を打ちつける）、ノーヘ・ハーニー（哀愁を帯びた泣き声で場面を盛り上げること）、ホセインの棺、預言者の属したハーシム家の旗、アッバースの手、女、子供用の駱駄などを必ず伴った。

モハッラム月の街路上の行進（後方左は，イマームの棺台）

全体として、モハッラム月の一〇日間に行なわれるタァズィーエ・ダーリーは、いわなる「ハレ」の機会であって、後述するように、この一〇日間はイラン人ムスリムにとって年に一度の最も重要な「お祭り」の一つであるとの印象を受ける。

ところで、すでに述べたように、アザー・ダーリーとは死者に対する全般的哀悼の意味であった。ところが、ある特定の歴史的条件の下で行なわれるアザー・ダーリーは、敬愛するイマーム一族の悲史と現実がオーバーラップした形で展開する場合があった。聖月の儀礼とは異なり、ある特定の緊迫した社会、経済、政治的状況下に繰り広げられるアザー・ダーリーにおいては、人々の生きた信仰と現実の具体的な諸問題が有機的に相関し、そこに宗教と歴史の明白な結束点を見出すことができる。この歴史と神話の融合については以下で具体例を用いて明らかにするが、その前にタァズィーエ・ダーリーの基本的な意義について簡単に整理したい。

タァズィーエの意義は大体四つに分類できる。すなわち、

(1)「祖型」の再生
(2) 救済論
(3) 教義の宣伝・教化
(4) 欲求の捌口、である。

(1)の「祖型」の再生について。そもそも、年中行事とは繰り返し行なわれるところに意義がある。ことに、その行事が共同体の宗教的伝統の核心に関わる場合、反復は特別に重要な意義をもつ。十二イ

マーム派シーア主義の教義の核心部分に三代目イマーム・ホセインの凄惨な殉死が据えられることは明らかであり、この事件を忘却することは、共同体の存立の基盤を崩すことでもある。したがって、すでに何年来この故事を知るもの、また新たにそれを知るようになった若者の間で、イマームとその一族の悲劇を追体験することによって、各信者は宗教共同体の一員として、また宗教的人間としての実存を実感することができたのである。

また、敬慕する信仰の対象を日々の生活の中で実感しながら有意義な生活を送ることとは別に、タァズィーエに参加したり、観覧したりすることには、救済論的意味があった。人々は、そうすることによって聖なるイマームの霊力（バラカ）の助けを得て、至福の来世を約束された。信者の信仰生活は、ひとえに救済されたいという切なる願望に基づいている（現世利益ならびに後生善処）。熱狂的な路上での行進に際して失命するようなことがあっても、それは逆にその者の功徳と見なされ、即座に天国へ入ることが許されるという信仰があった。さらに、この行事に参加するものは、公正（アドル）を代表するイマーム・ホセインに与して、この世にはびこる不正（ゾルム）と戦い、究極的にイマームの執り成しを得ることができるのである。このモチーフは、例えば、一九七九年の革命で、不正なパハラヴィー王朝に対抗する人々は、イマーム・ホセインを援助するものとしてイメージされた。

年中行事としてのタァズィーエの今一つの重要な意義は、年々歳々イマーム一族の悲史を繰り返し再現し、それに多数の信者が参加することによって、彼らは自然に視聴覚的に十二イマーム派の教義の核心を学習することができた点である。タァズィーエ・ダーリーに際しては、必ずロウゼ・ハーニーといわれる誦唱者がイマーム一党の歴史を感動的な名調子で歌いあげ、聴衆の涙を誘った。概して、タァズィーエの誦唱においては平易なペルシア語が用いられ、読み書きができない一般の人々にも十分理解することができた。また、このようなイマーム一族の歴史の教化は、モハッラム月のみならず、平常の月間においても地区集会などの場で行なわれており、民衆レベルでの十二イマーム派シーア主義信仰の教化に大いに力があったと考えられる。

タァズィーエ・ダーリーの意義の最後として、変動期社会の人々の欲求の捌口という要素がある。変動する社会では、前時代の社会制度との矛盾の結果、人々の行動様式そのものにも変化が生じてくる。この社会的変動期の諸矛盾に対応するために、人々は政治参加その他の方法でなんらかの解決を見出そうとする。しかし、その社会に解決の装置（例えば、議会制民主主義のような）が十分に備わっていない場合、人々の欲求不満の捌口として旧来の慣習が利用される。タァズィーエに不可分に伴う宗教的感情の高揚は、この目的のために格好の手段を提供した。こうして結集された民衆のエネルギーは、積極的にも消極的にも評価できるが、概して一九七九年の革命以前までは消極的に評価されてきた。

このような複合的な意義をタァズィーエ・ダーリーに認めることができる。そして、それらは複雑に信者の信仰生活をはじめとして、日常生活の各面に影響を及ぼし、ある特定の歴史的条件の下で噴出すると考えることができる。次に、以上の理論的枠組が実際の歴史の場でどの程度の妥当性をもつのか、カージャール王朝の具体的事例に基づき検討を加えることにする。

3 一九世紀末葉のタァズィーエの上演

既に述べたように、タァズィーエ・ダーリーはイスラーム暦第一月の一〇日間に集中的に行なわれるものであり、「ハレ」の性格にその特徴を見出すことができる。したがってこの行事は多くのヨーロッパ人旅行者の注目を引き、数多くの詳しい報告が残されている。さらに、イラン人自身による報告も残されている。

一九世紀末にタァズィーエを体験して、後に記録したドゥースト・アリー・ハーンの『回顧録』によれば、モハッラム月とサファル月には、テヘランの町中にタァズィーエ用の集会場（タキーエ）が設置され、その数は二〇〇にも及んだ。それらの施設の中で、常設で最高級のものが「王立タァズィーエ劇場」であった。

この劇場は、内部の直径が約五〇メートル、高さ二四メートルの規模をもつ三階建の建物であった。観覧席はあたかも蜂の巣のように小部屋が連なり、国王は演台を真正面に見下ろす二階席の最高の位置を占めた。他の部屋は、政府高官、知事、将校などがそれぞれ占拠した。また、国王の妻たちにも各自一部屋づつ観劇用の個室が与えられていた。

興味深い点は、この王立劇場に一般の民衆も無料で入場できたということである。年に一度のこの機会は、一般の信者、特に女性にとっては最も楽しみとする娯楽のときであった。できるかぎり良い席を確保しようと、彼女たちは早朝より劇場の入口に列を作った。

王立タァズィーエ劇場（カージャール朝期）

王立劇場の内部は、床の中央に舞台があり、イマーム一族の悲劇はこのうえで演じられた。また、内部はシャンデリア、ランプ、鏡、カーペットなどで飾られ、天井からは四〇本のローソクがともされたガンディール（照明器具）が場内をほの暗く照らしていた。同時に、電気による照明も用いられた。

タァズィーエの上演は一日二度であり、最初は午後二時から夕方近くまで、二回目は日没後二時間後から深夜までである。この間、イマーム一族の悲史を歌いあげた詠歌が絶え間なく続けられた。

タァズィーエの上演を待つ人々の間では、身分の高い者も低い者も、それぞれの分に応じた娯楽の雰囲気が充満している。人々は、期待に胸を膨らませながらも、くつろいでおしゃべりをしながら開演を待つ。

貴人たちは、割り当てられた特設の観覧室の中で、召使によって茶、菓子、水煙管などの接待を受ける。一方、一階の床席に陣取った一般の庶民は、手弁当で腰掛け用の敷物に座っている。彼らの間を水運び（サッカーという。カルバラーでホセイン一行がユーフラテス川への水源を断たれ、極度の喉の乾きに苦しんだことから、人々に水を供給することが功徳とされる）が背に水袋を背負いながら行きかった。さらに、水煙管を持った者、砂糖をまぶした木の実、アメを売る者、聖地（例えばマシュハドやカルバラー）の土で作られた礼拝用の素焼きの小庁を土産に売る者などが観衆の間を行き来した。

このように緊張と同時に、和気藹々とした雰囲気のうちに、やがてタァズィーエが開始される。とたんに、これまで騒がしかった場内が水を打ったような静寂に包まれた。

まず、説教壇から美声のモッラーが国王の臨席に感謝の言葉を述べ、タァズィーエの開始を宣言すると、イマーム・ホセインの故事の朗唱が始まる。これに合わせて、タァズィーエに縁ある登場人物が舞台に登場する。これら登場人物は、上演されるタァズィーエの種類によって異なることはいうまでもないが、先述のドゥースト・アリー・ハーンの観察したタァズィーエの記録によれば、大体次のとおりである。

(1)　朗唱者一〇〇名

⑵ 成年に達しない美声の若者
⑶ 鉄砲隊
⑷ 旗、槍を持った騎兵
⑸ 護衛の騎士
⑹ アラブ人
⑺ 一〇隊の音楽隊
⑻ 鉄砲隊の駱駄
⑼ 宮廷楽隊の駱駄
⑽ 騎乗の朗唱者の一団

こうして、この日の出演者は勢揃いした。これらの人々は、金、銀をはじめとする非常に華麗な装飾品で身を飾り、贅を究めていた。そして、その多くが政府の軍隊や官製の音楽隊で構成されている点は注目に値する。

彼らが工夫を凝らして身を飾り、受難劇に参加するのにはいくつかの理由があった。すなわち、まず彼らの信仰心が上げられる。このような催し物に参加すること自体が功徳なのであり、光栄であったからである。さらに、彼らが互いに競いあい覇を争った理由は、聖なる一〇日間の後半に国王から多額の褒賞が期待できたからである。

タァズィーエを詠唱する人の服装の一例

イマーム・ホセインの異母兄弟ハズラテ・アッバースに扮した人物．ハズラテ・アッバースは，命かけてイマーム一族にユーフラテス川の水を届けようとした末，凄惨な死を遂げた．信者の間で巾広い人気を持つ人物である．

劇場でのタァズィーエ上演

ドゥースト・アリー・ハーンが記録するこの年（一八九〇年までのある年）のモハッラム月の七日、国王、ナーセロッディーン・シャー（一八四八―九六年）は、タァズィーエに参加した者たちに惜しみなく褒賞を下賜した。その日のタァズィーエが上演される三時間前、舞台の中央にテーブルが据えられ、二〇〇着ばかりのカシミアのショールが準備された。そして、それぞれの役割の指揮者が一人ずつ国王の座る観覧席に対峙し、その肩にショールを掛けてもらってから退出する。他方、国王は鑄貨を一握りづつ僧侶や見習の子供達にばらまいてやると、人々からは喜びの歓声があがった。

路上の行進を先導する人たち

　著者のドゥースト・アリー・ハーンは、まだこの頃子供気の勝る年令であって、他の子供達と辺りを駆け回っていると、国王は手にした杖でゆっくりと子供達の背中を撫で、笑いながら金貨を与えたという。

　以上、詳しく述べた舞台上でのタァズィーエと平行して、町の衆によって街路を練り歩く行事が行なわれた。舞台上で演じられる半ば舞台芸術化し、形式化したものとは異なり、街路上の行進は、過激な胸打ち、鎖打ち、さらに短刀やカミソリで切りつけたり、木片で体を打ちつけるなど、戦慄を催させる場面が時々展開した。また、この機会を利用して、囚人の大赦を要求できるという慣行もあった。こうしてモハッラム月の一〇日は経過してゆく。

ところで、以上の慣行についてはさまざまな解釈が可能であることはすでに述べた。そこではタァズィーエに特徴的な宗教的熱情を基本的には肯定的に捉え、その意義を規定しようとした（本章99〜101ページ）。これに対して、同時代資料にはさまざまな冷笑的な観察や、この慣行を揶揄する風説が記録されていることも事実である。

例えば、当時の人々は、体中血まみれになって行進する男たちについて、連中は夕食用の羊の血を体に塗っていると噂していたという。また、タァズィーエの準備費用は裕福な人々の間で供出がなされたり、宗教的寄進財（ワクフ）が設定されたりした。この年中行事の中心的支援者であるバーザール商人は、半ば強制的に金品を供出しなければならなかったともいわれている。商人たちは、世間体のゆえに渋渋これに応じたという。

事の真偽はともかく、要するにタァズィーエは、歴史の常態において行なわれる場合は、ある程度そこに度を越えた感情の流出が観察できるものの、全体としては、あくまで「ハレ」の機会であり、お祭りであった。そこには統制と一定の秩序があった。タァズィーエ観劇中の警備人の厳しい取り締まりや、劇そのものの洗練の度合い、人々の娯楽的対応の仕方がこれを物語っている。

しかし、その華やいだ雰囲気の中にも、「タァズィーエとは？」の項の末尾で整理したいくつかの機能は、程度の強弱こそあれ、常に果たされていた。この行事に参加した結果、信者の心の内奥にインプットされたイマーム一族の不運な歴史に対する義憤の感情は、歴史の「異常事態」において、とどまるところを知らぬ奔流となって湧きだすことがあった。イマーム一族の神話が歴史に流出したのである。次に、立憲革命期に観察できる事例に基づき、この点を明らかにしようと思う。

4 タァズィーエと立憲革命――歴史と神話の融合

ケルマーニー (Nazem al-Islam Kermani) は、『イラン人覚醒の歴史』の中で、立憲革命のさなかに、革命運動の展開とタァズィーエのモチーフが如実に結びついた事例を記録している。それは一九〇六年七月一〇日から一二日にいたる三日間に起こった有名な事件である。

七月一〇日水曜日、日没後二時間ほど経過した頃であった。反体制派説教僧として人気を博していたハージ・シャイフ・モハンマドがカンバル・アリー・ハーンという人物の家の近くにさしかかったとき、テヘランの北西部にあるカズヴィーンの町出身の二〇〇人からなる部隊が彼を取り囲んだ。一隊は彼を宰相アイヌッ・ドウレの許へ連行しようとした。シャイフは、逆らわず柔軟な姿勢を見せたにもかかわらず、部隊長はシャイフの乗っていた驢馬を取り囲み、強引に連行しようとした。やがて、人々がその様子に気づき、周囲に集まり始めた。部隊長は、事態が混沌としてきたため、部下に対してシャイフに発砲するよう命じた。弾丸はシャイフに命中した。

ちょうどその折、師匠のもとで学習を終えたセイエド・アブドル・ハミードという一青年がその場を通りかかった。この青年は、部隊長をとがめていった。

「あなたはムスリムではないのですか。どうして発砲命令を出したのですか。ここにいる人はムスリムではないのでしょうか。血にまみれて転がっているのは、殉教者の長（つまり、イマーム・ホセインのこと）の下僕ではないのですか。もし政府があなたを責めてもあなたは、群集が襲い掛かって捕虜を連れ去ったとでもいえたのに。」

この言葉に激昂した部隊長は、兵士の一人から銃を取り、青年目がけて発砲した。弾丸は、今度は青年セイエドに命中した。

周囲にいた人々は、すぐに負傷した青年を近くの宗教学校（マドレセ）へ運んだ。一方、先に負傷していた説教僧シャイフ・ムハンマドはアブドル・ハミードを覆うようにして体を寄せ、問うた。

「何か欲しいものは」

これに対してセイエドは、「水を少し。喉が渇いてたまりません」と答えた。

すぐに水が運ばれたが、青年は息を引き取った。シャイフ・ムハンマドは、セイエドの血を自分の顔と顎髭に擦り付けて慟哭した。嘆きの声が取り囲んだ男女、学僧たちから起こった。

その後、人々はアブドル・ハミードの遺体を集会モスクに運んだ。やがて、そのマスジェドには、いわゆる立憲革命の「三本の柱（ベフベハーニー、ヌーリー、タバータバーイー、15ページ参照）」をはじめとする指導者や支持者たちが集結した。セイエドの遺骸はモスクの中央に置かれ、人々は胸打ちをして彼の死を悼んだ。他方、布商たちは、直ちに天幕を持ち来たり、弔いの天幕を立てた。

翌七月一一日、商人たちは抗議の意味を込めて店を閉め（バストという）、集会モスクの周辺に集まってきた。そのうち、有志たちは、午前中に、血塗られたセイエドのシャツを棒の先につけて旗とし、隊列を組んでこの悲しい出来事を人々に知らせながら、モスクの周囲やバーザールを練り歩いた。彼らはやがてモスクへ戻ってきた。この日、彼らの行進を阻むものはだれもいなかった。七月一二日、やはりバーザールは閉ざされたままであった。人々はアブドル・ハミードの遺骸をモスクに安置し、葬儀を営むために喪服に身を包んでいた。学生やセイエドたちは、死者の血塗られたシャツとターバンを再び棒につけ、高く差し上げた。人々はその周囲を取り囲んで、胸打ち、頭打ちなどを行なうことによって、哀悼

立憲革命期に抗議する人々（セィエドといわれる，預言者の末裔たちが参加している）

の気持ちを表していた。

　このとき、誦唱師が人々の前に出て、「ああ、平和の時代の主よ（つまり、十二代目イマーム・マフディー）」と哀願する調子で唱えると、人々はこれに和した。さらに、アブドル・ハミードの血のシャツの旗の下に集合した人々は、続けて唱和した。「ああ、ムハンマドよ。汝の群れは消え失せてしまいました。」すべては胸打ちし、頭を打って悲しみを表わした。

　その日は、あたかもカルバラー事件の日を想起させるような暑い日であった。集会モスクの内部は空気の流通が悪かったので、人々はこの日も外に出て、高貴なる預言者の末裔セイエドのシャツの旗を先頭にバーザールや市街を練り歩こうとした。最高指導者の一人ベフベハーニーは、警備隊が昨日とは入れ替わっているため危険であるとしてこれを禁じた。しかし、人々は自分たちは武装もしておらず、しかも、中には多くのセイエドが含まれているから発砲される気遣いはないといって、大挙してモスクを後にした。

　一行がミールザー・ムーサー学院に近づいたとき、政府軍は彼らを阻止しようとした。他方、人々が後方より押し合うため、もはや後退できない状況であった。やむをえず、一行は政府軍と衝突することになった。この時点で、軍の長はこの群衆に対して発砲を命じた。最初、兵士たちは威嚇の意味を込めてバーザールの天井に向けて撃っていたが、やがて屋根から子供達が石で応酬するにおよび、ついに銃口を人々に向けた。この結果、五八人とも一五〇人ともいわれる負傷者を出した。その中に、またもハージ・セイエド・ホセインという敬虔なセイエドが含まれていたため、人々の義憤はいっそう掻き立てられた。

彼等はセイエド・ホセインの遺体を集会モスクに運び、「ああ、ムハンマドよ。ああ、アリーよ。ああ、ハサンよ。ああ、ホセインよ」と嘆きと哀願の声を絞りだした。人々の怒りは、ついに政府軍に対して聖戦（ジハード）を行なうよう指導者たちに要求するまでにいたった。さすがに、指導者たちは許可を与えなかった。しかし、軍の総指揮官がモスクへの水源を断つにおよび、人々はカルバラー事件の再現を実感し、彼らの宗教感情は頂点に達したのである。

これら一連の事件は、やがて革命運動の指導者たちが聖都コム（第6章参照）への大聖遷（七月一五日）を敢行し、さらにこれに呼応するようにテヘランの商人たちが英国大使館へ大挙バスト（ゼネスト）する事件に発展し、八月五日、ついに憲法発布の勅令へと導かれるのである。この一連の事件が一九七八―七九年の状況と酷似しているのは、単なる偶然ではない。むしろ、イラン近・現代史上繰り返された民衆運動のパターンであった。

既に記したように、この事件はモハッラム月に起こったものではない（すなわち、イスラーム暦第三月のことである）。しかし、この一連の事件の意味を十分に理解するためには、「タァズィーエとは？」の項で指摘したいくつかの点を考慮に入れる必要があると思う。すなわち、運動の過程で人々の宗教感情が高揚するにつれて、もはや死者の死を悼むものにとって、その行動は単なる政治的反政府行動ではないということだ。むしろ、それは一九〇六年七月一〇日から一二日という特定の歴史的時間に流入したカルバラー事件の再現とでもいうべきものであった。

人々の反政府感情が単に社会、経済、政治的不平等に対する不満から生じたというのではなく、そのような全般的歴史条件に加えて、聖なる歴史が明瞭に現実の歴史と融合している点を看過することはできない。すなわち、運動参加者にとっては、聖なる預言者ムハンマドの末裔（セイエド）の死、その追悼の儀が、カルバラー事件とオーバーラップした形で意識されている。人々にとって、それはいささかも矛盾したことではなく、そこにはむしろ自然な連絡が見られたのである。

胸を打ち、涙を流して眼前の死者を悼みながら、同時に人々はイマームに呼びかけて彼らの悲しい歴史にみずから参加しようとする。そして、ついには、信者の熱烈な宗教感情は、聖なるジハードを要求するという極点にまで到達するのである。この戦いに参加することは、六八〇年に起こったカルバラー事件に参戦することであり、みずからと同胞のために聖なる戦いを戦うことでもあった。すでに指摘したとおり、一九七九年の革命の過程においていたるところで同様のモチーフが観察できた。パハラヴィー朝をウマイア家と同一視して、人々の戦いをまさにイマーム・ホセインが範を示した不正（ゾルム）に対する公正（正義、アドル）の戦いと見なしたのである。

5 まとめ

イラン社会においては、長年にわたってイスラーム、なかんずく十二イマーム派シーア主義の伝統が存在した。この宗教文化的伝統は、人々の日常生活のいたるところで影響力を発揮してきた。この伝統が強大な影響力を発揮する条件として、常に宗教指導者の側から一般信者に対する「教化」がなされてきた。同時に、この「教化」に対して一般信者は自発的に反応を繰り返してきた。年々歳々繰り返されるタァズィーエは、この両面が見事に合致し、文字通り劇的に現出した機会であった。このような機会に「教化」された人々は、歴史的大事件、特に信仰の危機的状況において、容易に「聖戦」を戦う戦士となったのである。

言うまでもなく、歴史的大事件が常にモハッラム月に生じるはずはない。むしろ、一般の信者にとって、この時期は敬愛するイマーム一族の悲劇を「儀礼化」された形で、平和的に追体験できる格好の機会であった。それは、いわばお祭りであって、歴史の「常態」において繰り返されるタァズィーエとは、基本的に「ハレ」の機会であった。

しかるに、タァズィーエとそれに関連する行事を通じた教化の過程を経て、人々の心の深層に刻み込まれたイマーム一族の悲しい生涯のイメージは、歴史の「非常事態」において、擬似カルバラー事件ともいえる状況を作り出し、巨大な宗教的エネルギーとなって、猛烈な勢いで現実の歴史の中に流出したのである。

イラン近・現代史上生起した大事件には、程度の差こそあれ同様の歴史と神話の融合を観察することができる。次章では、議論をさらに進めて、イランと十二イマーム派シーア主義を結びつける四代目イマームの神話について述べることにする。

第5章 四代目イマーム、ザイヌル・アーベディーン
――イスラームのイラン化

　サファヴィー王朝の設立以来、ほぼ五〇〇年にわたってイランの国教の位置を占める十二イマーム派シーア主義とイランの結びつきについては不明な点が多い。ただ、同王朝初期に統治者による強制があったにせよ、それ以前からなんらかの受容の素地があったにせよ、動かしがたい事実は、現在にいたるまで、十二イマーム派シーア主義がイラン人の公的私的活動領域において、多大な影響力を行使してきた点である。

　十二イマーム派とイランはなんらかの内的必然性によって結びついているという見解は、ヨーロッパやイラン人の研究者によってたびたび提示され、また一方ではそのような見解と対立する立場が表明されてきた。いずれが正しいのか最終的判断を下すことは困難である。しかし、イランの十二イマー

ム派シーア主義研究を通じて明らかな点は、その随所にイラン的特徴を観察できることである。それらの中には、確固とした歴史的事実として確証されるものもある。ところが、その多くはむしろ俗信に近いものであり、精確を期する科学的歴史批判の立場からは多くの問題を残している。

にもかかわらず、取り扱う主題が宗教という極めてパトス的性格を伴う人間の活動領域であるかぎり、信者によって「信じられた」聖なる歴史の要素をきっぱりと否定し去ることはできないであろう。むしろ、この「信じられた」歴史が精緻で実証的な歴史と均衡を保った状態で解釈されるとき、正しい宗教の歴史に一歩近づくのではないか。

このような関心から、本章では四代目イマーム、ザイヌル・アーベディーンについて取り扱う。一般に、彼が三代目イマーム、ホセインとサーサーン王朝最後の王ヤズデギルド三世の娘シャフルバーヌーイェとの間に誕生したことは、イラン人の間ではいわば自明の事実として受け入れられており、教科書の中にも記載されているほどである。この受容がどのように行なわれてきたかを検討するのが本章の目的の一つである。その結果、「信じられた」歴史に関する知識が、イラン・近現代史の理解において少なからぬ意味をもつことを明らかにしたい。

1　ザイヌル・アーベディーンの経歴

四代目イマーム、ザイヌル・アーベディーンは、イスラーム暦三八年（六五八年）にメディナで生まれた。これは、初代イマーム、アリーの没する二年前のことであった。さまざまな称号をもつが、ザイヌル・アーベディーン（礼拝者の中の最良の者）、またはイマーム・サッジャード（跪拝するイマーム）で最もよく知られている。

父は三代目イマーム、ホセイン、母はサーサーン王朝最後の王の娘であるといわれる。ホセインには四人の息子があったが、しばしばその間に混同が見られる。例えば、九世紀の『コム史』の著者は、長男アリー・アクバルがザイヌル・アーベディーンであると見なしている。また、サファヴィー朝期一七世紀の資料においても同様の記述が見られる一方、同王朝樹立直前に記された『殉教者の園』では、アリー・アクバル、ザイヌル・アーベディーン、アリー・アスガルの三人は区別され、アリー・アクバルとアリー・アスガルは、カルバラーで殉死を遂げたことになっている。

ザイヌル・アーベディーンは、カルバラーの戦いのとき（六八〇年）、すでに二二—二三歳であり、成人していた。しかし、元来病弱であり、カルバラーには同行していたが、参戦することはできなかった。ただ、兄と弟が殉死した後、唯一残った息子であったため、彼は父ホセインの後を受けてイマームの地位を継承する旨の遺言を父より受けていたといわれている。

カルバラーの戦いでホセインの軍がほぼ全滅した中で、女、子供はウマイア朝の都であるダマスカスへホセインの首級とともに連行された。その中に、病身のザイヌル・アーベディーンがいた。やがて、カリフ、ヤジィードは捕虜を釈放し、メディナに帰還することを許した。これは、ヤズィードがカルバラー事件は自分に関係がないことを示そうとする一つのジェスチャーであった。

メディナに帰還した一行は、やがて反ウマイア家運動に格好の口実を与え、メディナの町は運動の核心の一つになった。しかし、アリーの末裔は概して政治に強い関心を示さず、むしろ周囲が彼らを担ぎ上げ、自らの政治的野心を達成するために利用しようとしていた。

こうして、メディナに定住することになったザイヌル・アーベディーンは、積極的に政治に関与することなく、絶えざる祈りとその周囲に集まる従者たちの教育に日々を送った。彼の敬虔さは比類なく、一日に千回の跪拝を行ない、その祈りはすさまじいものであったという。彼の禁欲生活は、カルバラーで父ホセインや親族の殉死を目撃した体験と密接に結びついていた。同事件の後、およそ三五年を哀悼のうちに過ごしたといわれている。例えば――

毎日、召使が彼のもとへ食事を持っていくと、イマームは嘆いていた。さらに、今度は彼のもとへ水を持っていくと、彼があまりに嘆いて涙するので、その水の量が倍になった。

このように、彼の悔恨の日々の有様を伝える伝承は多い。

一方、ザイヌル・アーベディーンは、自らイマームであった生涯の後半を周囲の信者たちの教育に費やした。この意味で、彼のメディナ期は、イマームとして最も重要な時期であったと考えられている。

一般に、ザイヌル・アーベディーンは、熱烈な行動の人であった父ホセインとは対照をなす忍耐の人であったと考えられている。彼が抱いた神に対する畏怖、敬虔さは、彼の祈りの書『サヒーファットル・サッジャーディーヤ』の中に五四の美しい祈りの形で収められている。イマームは、その第三一章「改悛」の章で次のように祈っている。

神よ、私は今、汝の御許に戻ります。
いかなる罪をも悔い改め、改悛いたします。
その罪が大きくても、小さくとも
また、隠されておろうと、明らかであろうと、
また、過去のものであれ、現在のものであろうとも、
もはや敗北の顔を見ぬような悔い改め、
けっして忘却しない改悛を（いたします）。

汝のみが、ああ至高の神よ、大いなるコーランにて命じておられます。
たえず自らの罪科を悔い改める者を受け入れよ、かつ、
その罪を許せよ、と。
しかして、私の悔い改めを受け入れたまえ。
かつ、私の罪を許したまえ。
愛の条件が何であれ、自らの愛の炎を、
私の心の中で燃え上がらせたまえ。
愛の条件は忠誠です。
私の恵みを嘉としたまえ。
かくして、私がこの条件を満たすように、
私の恵みを嘉としたまえ。
かくして、もはや私が罪を犯さないように。

彼は自らもアリーの名で呼ばれたが、祖父アリー（初代イマーム）と容貌が最もよく似ていたといわれる。彼はよき性格の人物であり、イラン王家の高貴な血とアラブの血が入り混じった結果、ハーシム家の美しさとイラン人の魅力的な風貌をもつようになったという。

ザイヌル・アーベディーンは、七一三年、メディナで没した。五七（八）歳であった。このイマー

ムが十二イマーム派の系図上占める位置は、非常に重要である。すなわち、彼が二代目イマーム、ハサンの娘と結婚した結果、五代目イマーム、ムハンマド・バーケルが誕生したという事実である。こうして、預言者ムハンマド、初代イマーム、アリーにまつわる重要な人物のほとんどすべてが、五代目以降のイマームに結びつけられることになった。ちなみに、この点は、パハラヴィー王朝のシャーの時代に使用されていたイラン国定教科書でも明記されていた。では、この高貴なイマームの系譜はイランとどのように結びつくのか、次にこの問題を詳しく見てみよう。

2 ペルシアの姫君とイマーム、ホセインの結婚

イマーム、ホセインとシャフルバーヌーイェの婚姻について記した最初の記録者は、タバリーであるといわれる。その後のイマームの伝記には、必ずといって良いほどこの伝説的事件が記録されてきた。この点は歴史書においても同様であり、ブーヤ朝期に書かれた『コム史』その他においても、自明の事項として記録されている。十二イマーム派シーア主義が国教として定められたサファヴィー朝期以降においてもその傾向が見られ、むしろそれが定着した印象がある。同王朝末期に活躍した神学者マジュリスィーは、この伝説に関するいくつかの伝承を紹介している。

八代目イマーム、アリー・レザーに辿るイブン・バーブーイェの伝承によれば、アブドッラー・アーメルがホラーサーン征服を行なった際、ヤズデギルド三世の二人の娘を捕虜とした。そして彼女たちをカリフ、ウスマーンのもとに送り、その後、二人の姉妹のうち一人をハサン（二代目イマーム）に、他をホセインにそれぞれ与えた。後者の結婚からザイヌル・アーベディーンが誕生した。ところが、その娘は、第一児を出産したときに亡くなったという。その結果、ホセインの奴隷の一人が彼の教育に当り、ザイヌル・アーベディーンは、彼女をみずからの母と呼んだ。

ペルシアの姫君

これ以上に有名で、いっそう確実とされる伝承は、コトゥブ・ラーヴァンディーが五代目イマーム、ムハンマド・バーケルに辿って記録したものである。それによれば――

イランの最後の王ヤズデギルドの娘がカリフ、ウマルの許へ連行され、メディナに入城したとき、町の娘達は彼女の美しさを見るために出てきた。また、メディナのモスクは、彼女が発散する光輝によって輝いた。ウマルは、彼女の顔を見ようとしたが、これを拒まれた。そのとき、彼女は「ああ、ホルムズの日、暗くなりぬ」と述べた。ウマルは、このゾロアスター教徒は自分を罵ったとして、彼女を罰しようとした。これに対して、信者の長、すなわち初代イマーム・アリーは、ウマルはその言葉の意味を理解しておらず、これは罵りなどではない、と告げた。

ウマルは、それでは彼女を（奴隷として）売却するように命じた。しかし、アリーは、いかに異教徒とはいっても、王家の娘を売却することは許されないとして、彼女にイスラーム教徒を一人選ばせ結婚させること、さらに、彼女の結納金はその者の財庫より支払うことにした。ウマルはこれに同意した。イラン王家の娘は、一座のものの中から、アリーの次男、ホセインを選んだ。実に興味深い点は、アリーがイランの王女に対してペルシア語で語りかけた、と記録されていることである。アリーは、彼女の現在の名前、ジャハーン・シャーに代えて、シャフルバーヌーイェと名付け、これは自分（すなわちアリー）の姉妹の名であると述べた。さらに、息子ホセインに対して、彼女を慈しむように諭して、二人にはやがて子供が誕生し、その人物は地上で最良の者となる、そして、両親のあと、清き人々の後継者となろう、とペルシア語で述べた。

マジュリスイーは、この伝承の直後に次の伝承を付け加えている——

すなわち、シャフルバーヌーイェは捕虜となる前、夢の中で預言者ムハンマドがイマーム、ホセインとともに彼女の住居に現われ、ホセインと結婚するように求められた。翌朝、彼女は夢の意味をめぐって考えあぐんでいた。ところが、次の夜、今度はファーティマ（ムハンマドの娘でアリーの妻）の夢を見た。シャフルバーヌーイェは、夢の中でファーティマを介してイスラーム教徒になった。ファーティマは、イスラーム軍の攻撃があっても、何人も彼女に危害を加えないこと、さらに、自分の息子ホセインとの間に継児を生むであろうことを告げた。このようにして、イスラーム軍が彼女をメディナに連行し、その後ホセインを見たとき、すでに預言者が夢の中で彼女のもとへやって来て契約を結んでいたので、躊躇なくホセインを選んだのだ、という。

こうして二人は結ばれ、その結果ザイヌル・アーベディーンが誕生した。彼は、「二つのよき者から生まれた者」といわれるように、「神がハーシム家の中から選び給うた者は、イランから選ばれたものであり、高貴な家系の者であった。」

既に述べたように、この神話的事件の原型は九―一〇世紀に記録されており、マジュリスィーが活躍したサファヴィー王朝期（一六―一八世紀）に創作されたのではない。しかも、その内容はまさに神話的というにふさわしく、歴史的に実証することはまず不可能である。しかし、これらの物語が最も訴えたい点がムハンマドの属するハーシム家の高貴な血統にイラン王家の伝統を結びつけることを意図するものであることは、まず間違いなさそうである。

そうであるならば、非イラン地域ではなく、主としてイランおよびイラン系の人々の間でこの伝承が繰り返されてきたことは、理由のないことではない。確かに、イランでは、一六世紀初頭にいたるまで、シーア派の勢力は必ずしも強くなかった。しかし、サファヴィー王朝以前に、現在のイラン国境内にシーア派の根拠地があったことが知られている。さらに、当時のイラン支配者の大半がスンナ派に属していたとしても、イラン人下層部の間ではシーア派の伝統が連綿と続き、保持されていたと推察できる。

前章の冒頭で紹介したように、ちょうどサファヴィー王朝成立前後の時期に、イマームの受難劇朗誦の原点となった『殉教者の園』が記されたのは興味深いことである。すでに、紹介した神学者や伝承学者による伝承の取り扱いとは幾分異なった、一般信者の民間伝承に近い解釈を、そこに見ることができる。

『殉教者の園』は、アリー一族の悲史、なかんずくイマーム、ホセインのカルバラーの殉死を最大のテーマとする。イマーム一族の悲運を克明に、しかも語り部独特の感動的表現を用いて描写している。その中でわれわれの関心の中心であるザイヌル・アーベディーンに関する記述が散見するので、それらを総合しながら、『殉教者の園』に見られる彼のイメージを紹介、検討してみたい。

この書物によれば、ホセインには三人のアリーという息子があり、ザイヌル・アーベディーンは二番目であるという。彼は十二イマーム派の四代目のイマームであった。彼は称号をザイヌル・アーベディーンといったが、その由来はこうである。

ある日、いつものように彼が祈祷を行なっていたとき、悪魔がやってきて彼を惑わそうとした。イマームはこれに気も留めない。そこで、悪魔は彼の足の指に噛みついて、祈りを中止させようとしたが、それでも彼は祈りを止めなかった。そのとき、神はイマームにそれが悪魔の仕業であることを知らせ給うた。そこで、イマームは悪魔に呪いをかけ、一撃を加えて悪魔を退治した。その時悪魔の姿は見えなかったが、「汝は、ザイヌル・アーベディーン（礼拝者の中で最良の者）なり」という叫び声が聞こえた。さらに、彼の父はイマーム、ホセイン、母はシャフルバーヌーイェであるため、預言者と（イラン）国王の資質が彼に集約された、という。

『殉教者の園』において、ザイヌル・アーベディーンの十二イマーム派の系図における重要性は、死を間近にしたホセインの言葉に如実に表されている。すでに兄と弟は戦死し、預言者の一族で生き残った男子は、ホセインとザイヌル・アーベディーン父子のみであった。この状況下で、病身のザイヌル・アーベディーンは、父に従い参戦する決意を示すが、体は自由に動かない。ホセインは息子に対して、彼には預言者一族の伝統を継承し、イマームとしての秘宝を受け継ぐ使命があることを理由に、参戦を許さず、彼を天幕に残した。このように、ザイヌル・アーベディーンは、三代目イマームから五代目へのつなぎの役目を担っており、しかも、イラン人の血統という要素がここでも現われていることがわかる。

特に、彼にイラン人の血が流れているという記述は、現代イラン人著述家においても観察され、いわば自明の事項と考えられている。すでに記したように、シャー時代の宗教教育の教科書にはこのことが明記されていたのである。

いずれにせよ、以上で紹介したザイヌル・アーベディーン像とは、病弱ではあったが比類なく敬虔な人物であったこと、そして、何よりこの人物において預言者ムハンマドの家系とイラン古来の王家の血統が相混じり体現していた、という信仰が流布していた点が重要である。イラン人神学者や思想家が、彼以後のイマームには高貴な血が相混入したと述べるのは、やはりこの信仰がイランの十二イマーム派でなんらかの意味をもつからに他ならない。あるいは、少なくとも、そのような信仰が一般信者の間に存在することの反映であろう。非イラン系十二イマーム派では、この点を強調しても、おそらくさほどの意味はないであろう。いや、むしろ逆効果かもしれない。

したがって、十二イマーム派教義の核心となるイマームの系図上の問題に特定の民族の血統が重要視されることになると、これはなんらかの心情的意図を読み取らないわけにはいかない。例えば、夢の中でシャフルバーヌーイェがすでにイスラーム教徒になっていたという話は、イランとイスラーム的要素の円滑な融合を図る合理化の産物ではないか、と推察できる。

確かに、後述するように、イスラームという普遍的宗教を扱う場合に、あまりこの点を強調することは危険である。ただ、十二イマーム派シー主義が国教化された一六世紀以来、国家の政治的思惑とあいまって、国家宗教の中に民族的解釈を投影する素地が比較的強く存在したと考えることができるだろう。

以上の点をさらに明瞭にするために、四代目イマームの母后シャフルバーヌーイェ伝説を紹介したい。

3 シャフルバーヌーイェ伝説

テヘランの南郊、レイの町近郊の岩山にシャフルバーヌーイェの祠が知られている。フランス人研究者マッセによれば、ウマルの治世に捕虜になったシャフルバーヌーイェは、ホセインを夫に選び、ザイヌル・アーベディーンの母親になった。しかし、カリフ、ヤズィードの治世に、再びアラブの許を逃れてテヘラン近郊のレイまでやって来た。彼女は、ホセインの愛馬ズール・ジャナーフ（「翼を持つ者」）に乗っていた。この馬は、彼女を救うために、娘のズベイダを乗せて王妃の天幕へ現われたのであった。

アラブの追っ手が彼女たちに迫ってきたとき、シャフルバーヌーイェは、娘はアラブの血筋であるから追っ手は彼女に危害を加えないといって、馬から下ろし、ただ一人ズール・ジャナーフを駆った。やがて、彼女は山岳地帯へやって来た。しかし、追っ手の追走激しく、窮地に陥った彼女は、夫ホセインが敵に襲われたとき、「おお、神よ（アラビア語で、ヤー・フー）」と叫んで救いを求めるように助言したことを思い出した。ところが、彼女は動転した状態で叫んだので、誤って「おお、山よ（ペルシア語で、ヤー・クー)」といってしまった。たちまち山が開き、彼女は馬とともにそこへ身を隠した。そのとき、彼女の被り物の一部が地表に現われ出ていたので、アラブの追っ手は容易にそれを発見した。ところが、日が暮れてしまったので、追っ手は翌日そこを掘るための印として石を三個その場に置いて去った。神は彼女を守るために、山全体を同じような形の石で蔽い、目印を判別できないようにされた。こうして、彼女は追っ手から逃れることができた。

この伝承では、シャフルバーヌーイェがホセインと結婚した後、かなり長い期間生存しており、娘までもうけている。これは大筋において『殉教者の園』の内容と軌を一にしている。すなわち、『殉教者の園』では、カルバラーの野でホセイン軍の七二人の勇者はすでに殉死して、残るはホセインただ一人という状況の中で、イマームはザイヌル・アーベディーンの果たすべき任務について遺言を述べた。このとき、シャフルバーヌーイェは、自分はヤズデギルドの娘であり、ホセインの他に寄る辺がないこと、さらに、ホセイン亡き後人々は自分に対して敬意を払わないであろうことを訴えた。これに対して、ホセインは、何人も彼女に危害を加えないし、また自分が亡き後は、愛馬が彼女を乗せて神の望み給う場所へ送り届けるであろう、と述べた。

この記述は、『殉教者の園』より時代の下る『諸地域の概説(Kholasatal-Boldan)』でははっきりと否定されている。そこでは、シャフルバーヌーイェはザイヌル・アーベディーンの出産に際して没したという。

いずれにせよ、シャフルバーヌーイェ伝説は、曖昧模糊とした部分が多い。ただ、『殉教者の園』の記述は、マッセの内容とほぼ一致しており、彼女が身を隠したという祠は、現在もイラン人、特に女性の間で実際に崇められているのである。このように、シャフルバーヌーイェとホセインの結婚、ザイヌル・アーベディーンの誕生という一連の出来事には、厳密な歴史的考証では扱いきれない要素が強いことがわかる。

それでは、このような実証不可能な要素は、歴史解釈においてきっぱりと切り捨てるべきなのであろうか。また、本章の主題であるザイヌル・アーベディーン伝説は、現代の研究者、知識人によってどのように取り扱われているのであろうか。次にこの点について述べたいと思う。

4　ザイヌル・アーベディーン伝説の解釈

これまで紹介、検討した基本的モチーフは、現代イラン人の間ではほぼ定着している。さらに、一般イラン人信者でこのモチーフを否定するものはおそらく数少ないであろう。四代目イマーム以下、九人のイマームの体内にイラン人の血が流れ、それによって彼らがイラン人に身近な聖人として受け止められてきた点は、十分に理解できる。その結果、十二イマーム派の受容にも多かれ少なかれ影響をもったことであろう。

事実、イラン的伝統とイスラーム的伝統の融合という側面は、何世紀にもわたってイラン人の間で真実として受け入れられ、イラン民族主義の観点から重要な意味があった点を強調するものもいる。しかし、このようなあからさまな立場はむしろまれであり、概してイラン人神学者、思想家は、ホセインとシャフルバーヌーイェおよびザイヌル・アーベディーン伝説の民族主義的性格を前面に打ち出してはいない。ほとんどすべての著作家は、四代目イマームを論じる際に、彼の両親の伝説的結婚について言及しており、その例は枚挙に暇がない。にもかかわらず、この点を前面に押し出すことによって、十二イマーム派のイラン的性格をあからさまに強調しないのである。さらに、イランの民族主義運動に四代目イマームがことさらに利用されることもないようである。これはいったい何を意味するのであろうか。

一つに、すでに繰り返し述べたように、ホセインとシャフルバーヌーイェの結婚については、史実として容認しがたい神話的要素が強いことが挙げられる。例えば、ホセインの結婚の年齢一つにしても不合理な点が多い。むしろ、この事件を厳密な歴史批判の立場から考証すれば、否定的な結論が導かれるであろう。したがって、イラン人合理主義者の中には、シャフルバーヌーイェ伝説は事実無根であるとして、これに反駁を加えるものもいたのである。

他の理由は、おそらく普遍宗教イスラームそのものの性格に関わっているように思われる。イスラーム教において、イスラームの支配が行なわれる「平和の世界（ダーロッイスラーム）」と未改宗者の住む「戦争の世界（ダーロッハルブ）」に区別されることはよく知られている。これは、イスラームが不断の戦いを通じて、イスラームの領域を無限に拡大してゆく可能性を意味する。信者にとって、唯一絶対の宗教はいかなる民族、国民にも限定されることなく、宣教活動を通じて拡張されねばならない。この「建前」に基づくかぎり、神学者や思想家が十二イマーム派のイラン性を極度に強調することは、明らかに矛盾である。

さらに、ザイヌル・アーベディーン誕生伝説は、時代的制約を受けてきた。サファヴィー朝のように、イマームの系統を受け継ぐと信じられた国王の支配する国家の宗教として、十二イマーム派シーア主義が公認され、政治的には、周囲のスンナ派との競合が存在した状況では、宗教の民族主義的利用に有利であったと推察できる。逆に、例えば現イスラーム共和体制化のイランで、ことさらに十二イマーム派とイランの王朝的伝統の融合を強調することは、革命そのものの原理そのものに抵触するであろう。

以上の諸点にもかかわらず、この伝説を神学者や思想家がきっぱりと捨て去ることができない理由があった。それは、一般の信者たちが、ザイヌル・アーベディーン伝説を自明の「事実」として受容してきたという現実である。著作家たち自身がイラン人であると同時に、彼らが自らの著述において、簡明ではあるが必ずこの伝説に言及してきたのは、多分に民間での広汎な受容を反映しているためであろう。イラン人著述家の著作において、この伝説を積極的に擁護はしないが、かといってけっして否定もしない態度が貫かれているのは、以上の状況の反映であると解釈できる。

5 まとめ

ザイヌル・アーベディーンとイランを結びつける伝承の基本的モチーフは古くから存在し、その解釈は多様である。科学的歴史批判の立場、あるいは合理主義的な立場からは、事実無根であるとして一切解釈に入れないか、排除しようとする対応の仕方がある一方で、これとは逆に、この伝承の歴史性を実証しようとする立場まで存在する。しかし、全体として、この伝承の大筋は、実証以前の問題として大半のイラン人の間で「事実」として受け入れられてきた。細部においては異なる解釈、伝承が存在するものの、むしろ歴史的に実証されないがゆえに、人々の想像力を掻き立て、多様な解釈が可能になったのである。

信者の宗教活動においては、彼らが自由に想像力を駆使した結果、論理による説得以上に「信じられた」事実が重要な役割を果たすことがある。この意味で、ザイヌル・アーベディーン伝説もまた、十二イマーム派シーア主義のイラン的エートスを形成する際、明に暗に影響力を行使してきたことを看過することはできない。このような伝説が、特定の歴史の局面においてイラン史の動向を決定する要因となることはまずないであろう。しかし、イラン史における十二イマーム派シーア主義の役割を考察するとき、イラン人の心の深層に醸成された宗教文化的伝統が、直接、間接的にイラン人の活動に与えてきた影響を無視することはできない。この意味で、イラン史上のイスラームの諸問題を論じる際、一般信者によって「信じられた」歴史（神話）を念頭に置きながら解釈を行なうことは、イスラーム研究をいっそう実り豊かにするのに役立つと思われる。

第6章 六代目イマーム、ジャファル・サーデク
――シーア派のロゴス的側面

一般に、宗教はパトス的要素とロゴス的要素から構成される。パトスとは露骨な感情の吐露であり、ロゴスとは「合理的に」信条を整理整頓することである。何百年何千年にわたり多くの人々に受け入れられてきた宗教は、両者のバランスを保っている。どちらか一方に偏った場合、その宗教は一時的流行に終わったり、あるいは人々の宗教的感情を鼓舞できないで、活力を失ってしまう。

十二イマーム派シーア主義は、教義的基盤が確立されてから一二〇〇年以上が経過し、現在一億人近い信者を抱えると推定できる（付録「中東主要国における宗派の分布」参照）。教義と並んで同派の永続性を支えるもう一つの力が4章で述べた三代目イマーム・ホセインのカルバラーにおける殉教とタァズイーエ上演による宗教感情の昂揚である事はいうまでもない。では、同派のロゴス的側面は誰

が代表するのか。実はこの疑問に対する答えは、3章で解説した初代イマーム・アリーによってある程度与えられている。ただ、アリーはシーア派において、いついかなる場合でも別格であって、彼は完璧な人間（ensan-e kamel）として崇敬されている。

では、アリーを別にすれば誰がシーア派のロゴス的側面を代弁するのだろうか。それは六代目イマーム、ジャファル・サーデク（六九九―七六五年）である。

シーア派の全般的特徴として「被害者意識」が指摘される。アリーの経歴や、ホセインが辿った運命など、少数派ゆえに嘗めた辛酸は筆舌に尽くしがたいといわれる。同派信者の信念によれば、全てのイマームは殉死したという。ホセインのように凄惨な殉教を遂げた例はあるものの、多くは毒殺であったという。ただ六代目イマームに関しては、唯一自然死を遂げたという説もある。真偽の程はともかく、この話は、ジャファル・サーデクには人間の感性に直接訴えかける要素が少ないことを、図らずも示している。

1 ジャファル・サーデクの時代

第2章で概説したように、サーデクの生きた時代のイスラーム世界の大半は、ウマイア朝の崩壊、アッバース朝の勃興など、波乱に満ちた時代であった。アッバース朝は創城に際し、カイサーン派といわれる過激派の支持を受けていた。アッバース革命は圧政的なウマイア朝に対する不満分子の決起であって、中でも最も過激なカイサーン派勢力は、イラクとイラン北東部のホラーサーン地方に多数いた。この地域の人々は、アリー家に対して強い尊崇の念をもっていたため、アッバース家のイブラーヒームは、これらの地域の人々に使節を派遣した。ここで注目すべきは、イブラーヒームは運動の核心となるべき人物を「預言者の家系」と称して、「アリーの末裔」と限定しなかった点である。これは重大なトリックであって、実は革命成就後の過激分子を粛清する遠因となる。

すなわち、イラクやホラーサーンのシーア派信者は、アリー家に対する強烈な支持を表明していたのであって、アッバース家に対してではない。確かに、アッバース家は預言者ムハンマドの叔父の家系であるといっても（39ページ家系図参照）、アリーの運動（シーア派）の指導者として最高の資格の保持者とはいえないのである。この点を熟知していたアッバース運動の指導者たちは、あえてアリー家のための運動といわず、預言者の家系のための運動というあいまいなスローガンを掲げたのであった。とまれ、この作戦は著しい効果を挙げた。

同時に、運動に加わったものの間では、後述するイマーミー派（後の十二イマーム派）の意味、内容について必ずしも明確に理解されていたわけではない。大きな傘の下に全てを蔽うような、漠然としたアリー一族の色と香りのする運動に結集したといえる。

いずれにせよ、革命が成就すると、アッバース朝はまず過激派シーア派グループの弾圧に取り掛かった。さらに、アッバース家の権力掌握は、アリー家に本来属するはずの権限の簒奪であると考えられる素地があったため、潜在的反対勢力に対する対策としてやがてシーア派全体に対する厳しい取締りと弾圧が開始されたのである。ただし、この政策はアッバース朝が本来的に抱えていた基本的性格と切り離して考えるわけにはいかない。すなわち、帝国の版図は広大であり、その内部には多種多様な民族、言語、文化、宗教的背景をもつ人々が居住するわけであるから、これらの多様性を包括し、帝国を効率的に統治する普遍的価値体系が要請されたのである（イスラーム帝国）。この現実的要請は、いわゆる「正統派」スンナ派の確立としてやがて結実する。

さらに、これとの関連で、新帝国の地理的拡大は未曾有の知的交流の機会ともなった。ギリシア哲学や古代ペルシアの宗教文化的伝統、ビザンチンのキリスト教文明など、堰を切ったように流入し、必然的にかつて見られない思想活動の活況と同時に混乱を呈するようになった。消極的にいえば、イスラームの存亡にかかわる重大な局面であった一方で、積極的には、原初的信仰に理論的根拠を与えるべく教義を体系化する絶好の機会であったといえる。

2 ジャファル・サーデクの生涯

イマーム、ジャファル・ムハンマドは、第五代目イマーム、ムハンマド・アリー・バーケル（六七五―七三五年）の息子である。母をウンム・ファルワーという。七〇二年に生まれ、七五七年に没した。シーア派の伝承によれば、アッバース朝カリフ、マンスール（七五四―七七五年在位）によって毒殺されたという。

後に示すように、このイマームがイマームの地位にあった時期は、宗教教育を行なうのに適した時代であった。実質的には、記述のとおり、混乱と迫害の状況の中で表立った政治活動が困難であった。したがって、イマームは自らの生命の安全のため、さらに深慮に基づき、信仰を隠したといわれる（タキーアという、巻末の基礎用語を参照）。その結果、彼の努力は学的に内面化された。他方、父バーケルも優れた学者として知られており、息子の代における更なるシーア派教義の整理、統合への準備がなされた。

サーデクの周りには綺羅星の如くそうそうたる学者が参集したといわれる。中でも、スンナ派四大法学派、ハナフィー派の開祖、アブー・ハニーファ（六九九―七六七年）やマーレク派の開祖、マーレク・アナス（七〇九―七九五年）、さらに同時代の奇才ジャーベル・ハッヤーンが有名である。一説によれば、彼の授業に集まった学生数は総計四〇〇〇人に達し、彼らは伝承学者やその他学問の研究者となった。五代目、六代目の二人のイマームに関して残されているイマームの伝承の数は、預言者ムハンマドならびに他の一〇人のイマームのものを合計したものよりも多いとすらいわれている。

生涯の終わりにかけて、サーデクはマンスールによって厳しい拘束の下に置かれた。さまざまなシーア派の著者が伝えるところによると、カリフ・マンスールは多くのシーア派信者を殺害し、その残忍さと非道はウマイア朝のカリフ以上であった、という。

これに先立ち、ウマイア朝カリフ・ヒシャーム（七二四―七四三年在位）は、サーデクを捕らえて帝国の都ダマスカスへ連行したことがあった。さらに、その残忍さゆえに「人殺し（saffah）」の異名をもつ初代アッバース朝カリフ、アブー・アッバースの命により逮捕され、イラクへ連れて行かれた。ついで、マンスールは、サーデクにサーマッラー（十二代目イマームの廟で有名なイラクにある聖地、第8章参照）で蟄居を命じた。最終的に彼はメディナに戻ることを許されたが、公に活動することはなかった。

六代目イマームは、このように帝国各地を転々とする。政治色が一切ない生涯を送ったのであった。最期については異説がある。既述のとおり、シーア派信者はマンスールによる毒殺説を採用するが、別の立場によると、サーデクの母親が初代（正統）カリフ、アブー・バクルの孫に当たるため、比較的寛容に扱われたのだ、とする。この立場では、暗殺説を採らない。

この人物の風貌、生活の様子などについては、ほとんどまとまった情報はない。ただ、肌は白く、鼻が幾分曲がっており、毛髪は黒であった、という。

3　ジャファル・サーデクの業績

十二イマーム派シーア主義におけるサーデクの重要性は、同派の立場を明確な教義として確立したこと、これに尽きる。ウマイア朝末期からアッバース朝初期における思想潮流の中で、合理的思弁に基づく体系化がなされた。その一例として、すでに3章でも簡潔に紹介した「ムハンマドの光（原初の光）」をめぐる彼の解説をもう少し詳しく紹介しよう。

（初代イマーム、アリーによると）神は創造行為を行なったとき、まず微小の分子の形で創造した。これは神が地上を拡大し、天を持ち上げる以前のことである。そして、神は光輝を放つ一條の光を発した。これを不可視の原子の中で拡散してから、預言者の形に結合した。神は預言者にいった。「お前は語る者であり、選択の力を持つ選ばれたものである。お前に、私は光を託し、私の案内の宝を委ねる。お前のために広大な水路をこしらえて、自由に水のあるところへ行けるようにしよう。そして、天を持ち上げよう。お前のために褒章と処罰を与え、人間に天国と（地獄の）業火を割り当てよう。

私はお前の家の人々を案内のために任命しよう。彼らに私の知識の秘密を与えて、彼らから真理が隠されることなく、いかなる神秘も隠蔽されることはない。私は彼らを、人々に対して私の権力を（地上で保持する）人々を諭し、人々に私の唯一性を思い出させる者として、人類に対する私の証明としよう。」この後、神は人類に対して自らムハンマドと彼の家族を選んだこと、（人類の導きは）彼（ムハンマド）を通じて成され、その（原初の）光は彼とともにあることを理解させた。イマームの職（信者共同体の指導権）は、ムハンマドと彼の家族にある。これは正義の規則であり、イマームたちは仲介者である。

以上が創造の次第であり、これは降された秘密であった。しかし、神が宇宙を創り、時間を拡大したとき、彼は水を攪拌し、泡を生じさせ、蒸気を動かせた。神の玉座は水の上に浮いていた。やがて、神は大地を広げ、蒸気から空を作り、両者を自分に従わせた。さらに神は天使たちを自ら創造した魂から作った。神は唯一神（タウヒード）の基盤の上にムハンマドの預言者性を打ち立て、ムハンマドが地上で預言者として委託される前に、天上でこれを宣言した。

ついで、神はアダムを作り、天使たちに向かって彼の高貴さを宣言した。そしてあらゆる物に礼拝用のニッチ（窪み）のようなもの、あるいはカーバ神殿で拝むように頭をたれるように命じた。しかる後、神はアダムを天使の間でイマームに定めた。このようにアダムは（イマームの）光を付与されたことで大いに神の恵みを授けられたのである。しかし、神はムハンマドを高く上げるまで、この光を時間のヴェールの下に隠しておいた。

ムハンマドは後に神との同意に従って、公然とまた秘密裡に神のメッセージ、警告を人類に対して伝えることになるが、この神との同意は神が創造行為をしたとき、すなわちムハンマドが誕生する以前に成されたのである。この「原初の光」によって、ムハンマドは神に関する秘密事項へと導かれ、それを明瞭に理解することができたのである。

その「光」は最も高貴な人々に降り、イマームたちを通じて輝く。その結果、イマームたちは事実上、天と地上の光である。イマームに対して救いが委ねられ、イマームから知識の秘密が現れ出る。というのは、イマームこそが全ての人々が到達に努めねばならない目的地であるからだ。マフディー（十二代目イマーム）は最後の証明であり、イマームの封印、イマームたることを伝える者、光の極致、あらゆる善行の源である。

この「ムハンマドの光（原初の光）」は、何万年もの歳月を経て最終的にアダムにいたり、さらにノアを経由して、アブドル・モッタレブ（39ページ家系図参照）に達して、預言者ムハンマドの父親アブドッラーに至るというのである。

天界の光の本質がイマームの魂の中に受容されていた、ということの壮大な創造神話は、ジャファル・サーデクのイマーム在位期間の最初期に体系的に解説されたものと考えられている。後代のシーア派神学の発展に多大な影響を与えたといわれる。

ここで一例として取り上げたイマームの権威の系譜は、後に十二イマーム派を形成するグループの理論的根拠を提供するものであった。いうまでもなく、サーデクは六代目イマームであって、十二代目イマームが八七四年に「お隠れ」になるまで(第8章参照)百年以上前の時代の人物である。しかしながら、イスラーム共同体の真の指導者は、この創造神話に述べられるようにアリー家の者、しかも最終的には二代目イマームのハサンに繋がる系列の人々ではなく、三代目イマーム、ホセインの系列に受け継がれるという思想の基盤がこの人物によって据えられたのである。この点はいかほど強調されても強調しすぎとはいえないであろう。では、次にこの人物の評価、意義について現代シーア派思想家の解釈を中心に紹介、検討しよう。

4 ジャファル・サーデクの評価・意義

イランやイラクで主要な位置を占める十二イマーム派シーア主義は、別名ジャファリー派ともいわれる。いうまでもなく、ジャファル・サーデクの名前から由来している。どれほどこの人物がこのイスラームの一派で枢要な位置を占めるかは、これによっても知ることができる。彼の重要性を知る一環として、現代シーア派学者のサーデク評を紹介しよう。

一九七九年に成就したイラン・イスラーム革命のイデオローグの一人、モルタザー・モタッハリー（一九二〇—一九七九年暗殺、彼の所説は次章においても紹介する）は、サーデクの意義を正当に評価するためには、まず彼の時代状況を踏まえる必要があるという。サーデクの時代を三代目イマーム・ホセインの時代と比較すれば、なぜ前者が政治的に穏健な立場に終始したのか明瞭になる、という。

サーデクの時代もホセインの時代もともに、政治的にいえばシーア派にとって受難の時であった。第4章で述べたように、ホセインは恐れもなく果敢に、時の圧制的ウマイア朝に挑み、壮絶な死を遂げた。一方のサーデクは、周囲の支持者たちの懇願にもかかわらず、反旗を翻すことはなく蟄居して、弟子たちの教育に従事することを選択した。

記述のとおり、当時のシーア派は、ハサン系とホセイン系に分かれており、サーデクはホセイン系の指導者であった。アッバース朝の圧制に対して、ハサン系の領袖、アブドッラーは、アブー・サルマと共謀して、政治的陰謀を展開していたが、アッバース朝の初代カリフは最終的に両者とも殺害してしまった。問題は、このような状況の下で反旗を翻すのが得策か、あるいは沈黙を守るのが賢明か、いずれかである。

この問題について、モタッハリーは次のように述べている。「もし、（サーデク様が）自らの殉教がイスラームとムスリムたちのためにより良い結果をもたらすのであれば、殉教を選ばれたであろう。ちょうどイマーム・ホセイン様が同じ理由で殉教を選ばれたように……その時代において、より良く、より利益があったのは、知識、思想、教育に関する一つの運動の指導であって、その影響は今日にいたるまで及んでいる……。」

確かに、イスラーム暦第二世紀頃（七三〇年頃）は、ホセインが殉死した頃（六八〇年）とは知的環境が大いに異なっていた。ギリシアの合理主義的思弁法を用いたムータジラ派神学が徐々に勢力を獲得してくるのに歩調をあわせて、法学、倫理学、哲学、神智学（'irfan）、解釈学（tafsir）、伝承学などが整備されてきた。現在シーア派世界で行なわれている基本的な形式は、サーデクの時代の方法の結果として生まれたものである。このように、サーデクの政治的沈黙は、シーア派共同体全体の福利（maslaha）のためであって、彼によって今日のシーア派の基盤がすえられた、というのである。

すなわち、サーデクの時代は思想的革命の時代であって、政治的革命運動の条件が整っていなかった。言い換えれば、新しい帝国に編入されたさまざまな地域から流入する思想、文化的要素がイスラームの存亡を脅かしていたのである。これはイスラーム誕生以来、かつてない現象であった。専門的な法学者が始めてイスラームの舞台に現れ、さらに神学者、異端者（zanadiq）、さらに神秘主義者などが現れた。この百家争鳴的状況の中で、サーデクの使命はこれらの思想潮流に押し流されることなく、敢然と対峙しながら自らの拠って立つイマーミー派の立場を確固たるものとすることであった。シーア派の支持者から見て、この状況に効果的に対応できる人物はジャファル・サーデク以外にいなかったということである。

彼の学識が衆に優れることは、彼の周囲に参集した弟子の多さでも知れるが、すでに示したスンナ派の学者や反シーア派的立場の者すら、サーデクの見識を賞賛していた事実がある。例えば、マーレク・アナスは二年間イマームのもとで研鑽したが、「あの二年間がなければ、今の自分はなかった」と語ったという。さらに、シーア派に敵愾心を燃やしたことで知られるムハンマド・シャフレスターニーすら、サーデクのみは例外的に扱った。「彼（サーデク）は煮え立つような知識をもっていた」「並々ならず禁欲的で、敬虔さを保持した人物であり、欲望というものからかけ離れた人物であった」と述べている。

シーア派では、法的判断の基準として、コーラン、預言者とイマームの伝承、イジュマー（共同体全体の総意）に加えて理性の働き（アクル、'aql）を重視することで知られる。この点で、ジャファル・サーデクは、イスラーム世界で哲学的学派（理性的学派）を最初に樹立した人物であるといわれる。例えば、第2章で示したシーア派の四大伝承集の一つ『十全の書（Usul min al-Kafi）』の第1章は、「理性と無知の書（Kitab al-'Aql va al-Jahl）」であるが、スンナ派ではこのような章を設定すること自体まずありえないといわれる。

ここで、シーア派において理性（アクル）がどのように把握されているか、その位置について触れておく必要がある。

シーア派の信じるところによれば、理性は知識を獲得する信頼にたる源であり、啓示と完全に調和している。いくつかの伝承によると、神には二つの証明（ホッジャ hojjah）があって、これを通じて人間は神の意思を知る、という。すなわち、内的なものは理性（al-'aql）であり、外的なものは預言者である。時に理性は、「内的な預言者」、預言者は「外的な理性」と呼ばれる。シーア派の法学者の間では、理性は、理性によって打ち立てられたいかなる判断であっても、それは宗教（法）、によって打ち立てられたものに等しいと考えられている。イスラームの法学でよく知られるように、道徳的、法的責任を果たす条件は、健全な理性を保持していることであって、これを保持しない者（狂人や未成年者など）は、代理人を必要とする。狂人は自らの行為について責任をもたない、と見做されているのである。

コーランによれば、全ての人間は自らの理性的機能を行使することが要請されており、その結果、神の徴や宇宙的交信について思いをいたすことができる、と考えられている。したがって、古の賢者たちを盲目的に模倣すること（タクリード、taqlid）は非難されるべきことであり、不信者の徴とされる。

一般に、理性は次の三つの分野で宗教的研究に役立つと考えられている。

①世界の現実を理解する。例えば、神の存在、宗教や科学的事実の真理を理解する。

②道徳的価値や法的規範を導く。例えば、圧政（zolm）が悪であり、正義（'adl）が善であることを知

る。

③思惟、思弁の基準や論理過程を打ち立てる。

これに対して啓示は、すでに理性によって知られていることの確認、理性によっていまだ知られていない新しいテーマを導入すること、さらに宗教的賞罰のシステムを通じて、承認を与える、という三つの機能があるとされる。すなわち、啓示と理性は不即不離、相互補完の関係にあり、一方だけでは成り立たない、という立場である。神は預言者を通じて何かを行なうことを人々に告げることで、人々を誤って導いたり、また逆に、神から与えられた理性を用いて真理とは逆の方向に向かうことは考えられない、という信念が背後にある。

以上、ジャファル・サーデクの位置について解説した。勿論、シーア派の思想体系の全てをサーデクが樹立したとはいえないが、預言者ムハンマドや初代イマーム、アリーなどが開始した方法を継承して、先祖の遺産を保持しながら、その遺産にさらに新しい要素を付加した功績がある、と評価されることには十分な根拠があるといえる。

第7章　八代目イマーム、アリー・レザーとその妹ファーテメ——聖都コムの事例を中心に

1　聖者、聖遺物崇拝

前章まで説明してきたように、情念的、ならびに教義的に裏づけされたイマームに対する畏敬の念は、まさにシーア派信仰の核心部分である。全てはここから始まるといってよい。やがて、イマーム信仰は、イマームその人のみならず、彼らの家族、子孫に至るまで崇拝の範囲が拡大されるようになった。この傾向は、比較的教育水準の低い一般信者の間に強かったが、マシュハドやコムといったイラン国内で一等級の墓廟に参詣する人々に階級の区別はさほどないといえる。

イマームやイマームの子孫にちなんだ聖なる場所をイマームザーデ（イマームより出た者（子孫）とその人々にちなんだ場所の双方を指して用いられる）という。本章では、イランにおけるイスラームの民間信仰を論じる際、極めて重要な意味をもつイマームザーデ崇拝について述べてみたい。

イラン国内でイマームザーデへの参詣が飛躍的に拡大し、定着したのはサファヴィー朝期であった。隣国のスンナ派宗主国、オスマン朝との政治的対立という意味もあって、国内にある聖地への参詣が奨励されたのである。

アリー・レザー像

しかしながら、為政者の政治的配慮が信者の信仰生活を全面的に規制するなどということはありえない。為政者は常に信者の信仰の自由を一定の水準まで、保証しなければならなかった。そのような宗教政策を採用させる前提として、多数の信者の強烈な信仰の息吹があったことはいうまでもない。ただ、第3章の冒頭において明らかにしたように、信者の信仰の形態は多種多様である。極めて抽象的に形而上学的な神の存在を信仰し、宗教的充足感を獲得できる者もある反面、一般に大多数の人々にとっては、直接見たり触れたりできる信仰の対象は理解しやすい。この意味で、イマームの廟（アリー・レザーのもの）や、イラン各地に散在する大小のイマームの子孫と信じられた人々の墓廟は、一般信者の宗教生活にとって不可欠の神聖な空間を提供してきた。

イマーム・レザー廟（マシュハド）

イマーム・レザー廟（マシュハド）

なお、イスラームといえばすぐに思い出されるモスクはイマームザーデとはまったく異なる宗教施設なので、少し注意を要する。基本的にモスクとは、アッラーを讃える礼拝の場所であり、イマームザーデはイマームやその子孫の遺物が安置されている場所である。前者で神に対する世俗的なお願いが行なわれることは通常余りないが、後者では現世利益的な願いをすることはごく普通に行なわれる。

さて、現在、イラン国内で最大の聖廟で、唯一存在するイマームの廟は、マシュハドにある八代目イマーム、アリー・レザーの廟である。八代目イマーム、アリー・レザー（七七〇—八一八年）は、八一五年、カリフ・マァームーン（カリフ在位、八一三—八三三年）の招きに応じて、メディナを立ち、イラン北東部のホラーサーン地方へ向かった。これは千夜一夜物語で知られるハールーン・アルラシード（七八六—八〇九年在位）が、広大なアッバース帝国の西

夕暮れ時のイマーム・レザー廟

マァムーンに毒入り葡萄を与えられるイマーム・レザー

半分の統治を兄のアミーン（八〇九―八一三年在位）に、東半分を弟のマァームーンに分割して支配させるという方策を採ったためである。元来、マァームーンは哲学を好んだ支配者であり、シーア派に対して親近感を抱いていたという。

アリー・レザーがマァームーンのもとに赴く背景には、上記のとおり、カリフが親シーア派的傾向をもっていたことから、自らの後継者としてイマームを任命した点をあげることができる。さらに、ホラーサーンが、アッバース朝成立に際して重大な役割を果たした、シーア派親派の牙城であったことを忘れることはできない。カリフは円滑な統治を実現するためにシーア派信者たちを懐柔しながら、このグループの歓心を買う必要があった。このように、宗教的、政治的思惑があいまって、イマーム・レザー招聘が実現したのである。

イマームは、メディナから、メッカ、バスラ、ケルマーンシャー、ハマダーン、レイを経過してトゥース、そしてマルヴに至る。到着したイマームをマァームーンは歓迎し、約束どおり八一六年、自らの後継者（皇太子）に任命した。

しかし、翌年バグダードで叔父、イブラーヒームがカリフを僭称したため、マァームーンは帝都への帰還を余儀なくされた。このとき、アリー・レザーも同行したが、トゥース近郊にいたったとき、イマームは急死する。一説に毒入りの葡萄（または石榴）を食べさせられたためであるといい、また別の説によれば、葡萄の食べ過ぎによって死亡したという。

その結果、イマームの遺体はトゥースにある庭園に埋葬された。ここは、奇しくもマァームーンの父、ハールーン・アルラシードが埋葬された場所であった。これが現在イラン国内にある唯一のイマームの墓所、マシュハド（「殉教者の地」の意味）の起源である。特にサファヴィー王朝紀以後、同廟は王朝の庇護のもとに大いに繁栄した。王族、貴族から寄進されるワクフ（宗教的寄進財、土地、建物などからなる）や一般信者からの奉納品など、アリー・レザー廟は多数の下僕を抱える強大な宗教施設となったのである。

アリー・レザー廟と平行して、テヘランの南方一五〇キロに位置するアリー・レザーの妹、ファーテメ（ハズラテ・マアスーメ）の廟も多数の信者（特に女性）の崇拝の対象となっている。

一九七九年の革命以来、この町はシーア派世界で威光を放つ傑出した宗教、政治都市となった。次の節では、具体例として、コムの町を取り上げ、その威信を基底で支えるイマーム一族への信者の帰依という観点から、イマームザーデの重要性を検討してみよう。

2 コム形成の歴史

第1章で述べたように、ウマイア朝の末期、さらにアッバース朝の成立後、シーア派の信者は過酷な条件を強いられた。その結果、彼らは特に迫害の激しかったイラクを去り、ムスリム世界の他の地域へ移住することになった。そこでより平和な生活を送ろうとしたためである。イラン国内のいくつかの地域、例えばサーヴェ、アーヴェ、タバレスターンなどは、アリーの支持者たちに別天地を供給した。

初めてアラブ人がコム地方へやって来たのは、七世紀の末であるといわれている。つまり、彼らはエスファハーンを征服するためにその町へ向かう途次、現在のコムの近辺を訪れた。しかしながら、当時のコムは現在とは異なり、幹線道路に沿っていなかったし、アラブ人にとってさほど重要ではなかったために、彼らは町を通過することはなかった。したがって、最初にアラブ人がこの町に定住したのは、しばらく後の紀元七〇一年のことであったといわれる。この年、アシュアリー部族のリーダーで、シーア派であったアフヴァスという人物が迫害を逃れて、コムにやって来た。これは、ウマイア朝カリフ、アブドル・マレク（六八五―七〇五年在位）の治世の出来事であった。というのも、イラクの知事に任命されたハッジャージュ・ユースフという人物がシーア派の信者に対して厳しい政策を行なったので、先述のアフヴァス一行は、やむなくクーファを去ったのである。また、彼らの移住は、四代目イマーム、ザイヌル・アーベディーンの息子、ザイドと関係があるともいわれている。いずれにせよ、この時期に起こった一連の事件――例えば、カルバラーの殉教（六八〇年）、その直後のタッワーブーンの蜂起、ムフタールの反乱（六八五年）、など――によって、シーア派の信者がイラクで生活することは、かなり困難になっていた。この状況に輪をかけたのが、既述のハッジャージュ・ユーフスの任命であった。この時期は、評判の悪いウマイヤ王朝が、中央集権的制度を導入することによって、王朝の基盤を強固にすることを企てた時代でもあった。

アラブが最初にコムにやって来た次第については、一〇世紀に記された『コム史』に詳しい。彼らの指導者の一人がアフヴァスということはすでに述べた。彼にはアブドッラーという名の兄弟がいたが、二人のコム到来については、いくつかの記録が残されている。一説によると、アフヴァスは、四代目イマームの息子、ザイドがクーファの町で反乱を起こしたとき、彼に荷担した。そのとき、アフヴァスは、ザイドにより軍の長に任命されたという。しかしながら、やがてザイドは殺され、一方、アフヴァスは彼と近い関係にあったことから、捕らえられ投獄されてしまった。彼は数年の間投獄されていたが、おそらく兄、アブドッラーの嘆願によって、釈放された。ところが、知事のハッジャージュは、やがて彼の釈放を悔やみ、再度彼を捕えようとした。このような状況であったので、アブドッラーは、兄弟に助言を与えた。つまり、クーファはもはや居住に適さないので、どこかほかの場所へ移住するように勧めたのであった。こうして、彼らはクーファを去る決意をしたのである。

アフヴァスはアブドッラーよりも生命に危険のある状況にあったので、先に町を去った。一方アブドッラーは、財産をすべて処分してから後に続いた。西暦七〇一年、アフヴァスは、バスラ経由で今日のコムの近郊までやって来た。彼とその一行が到着すると、その地の先住民たちは、自分たちを外敵から守ってくれるという条件で定住するよう求めた。というのは、彼らは、長年ダイラム人の侵攻に苦しんでいたためである。アフヴァスはこの申し出を受け入れ、定住を決意した。彼の兄弟もやがてやって来た。最初、この地に定住することを快く思わなかったアブドッラーであったが、兄弟の説得で納得した。定住後約五年間は、アラブ移住民たちはテント暮しをしていたが、ようやく彼らは永住地としてマムジャーンという村をあてがわれた。この後、アラブ人たちは大いに繁栄して、現住の人々が羨むほどになった。

いずれにせよ、コム地方のイスラーム化という意味で極めて重要な事件がこの直後起こった。すでに述べたように、アブドッラーは、当初この地域での定住を望まなかったが、永住を決意すると、礼拝のためのモスクの建設を求めた。その結果、アフヴァスはゾロアスター教の拝火殿を破壊して、その場所にモスクを建設したのである。資料によるかぎり、このモスクが町に建てられた最初のものであった。この事件はコム地方のイスラーム化という点で象徴的な意味を持つ。さらに、イスラーム史とそれ以前の時代の伝統文化との連続性という問題を考える際、示唆に富んでいると思われる。すなわち、イスラーム化以前のイランでは、ゾロアスター教の信仰が幅広く行なわれていたが、拝火殿のあったその同じ場所にこんどはモスクが建設されたというのである。さらに後述するように、やがてこの地に八代目イマームの妹君が埋葬され、大発展を遂げることになる。これは、コム地方がゾロアスター教の女神アナーヒター女神の信仰で知られていたこととは無関係なのだろうか。ともあれ、この地方は人口も増え、繁栄を遂げた結果、周囲のいくつかの村が統合されてコムの町が形成されるようになる。

コムとその周辺地域は、迫害を受けたシーア派の信者たちの避難場所として知られるようになった。ファーテメが紀元八一六年にコムにやって来たときの状況は大体以上のようなものであった。以下で彼女のコム到来について述べるが、その前に彼女の兄、すなわち八代目イマーム、アリー・レザーがイランへ来た次第とその妹がイランにやってきた状況について、上述の説明をもう一度思い出しながら、もう少し付け加えなければならない。

3　ファーテメのコム到来

七代目イマームである、父ムーサー・カーゼムの後を継いで、アリー・レザーは、七九九年イマームに就任した。彼がイマームになった時代、イランを含む広大なイスラーム世界は、既述の通り、アッバース王朝が支配していた。九世紀の初め、この広大な帝国は、かの有名なハールーン・アルラシード（七八六―八〇九年）の二人の息子、アミーン（八〇九―八一三年）とマァームーン（八一三―八三三年）によって支配されていた。帝国の東半分は、弟のマァームーンが支配していた。すでに触れたように、彼は、伝えられるところによると、八代目イマームをみずからの後継者に任命するために、イラン北東部にあるメルヴへ招聘した。マァームーンがこの招聘についていかなる意図を持っていたかはともかくとして、八一五年、アリー・レザーはこの招待を受け入れ、メディナを立って、ホラーサーン地方へ向かった。彼はその地で歓迎を受け、実際に後継者に任命されたといわれる。しかし、バグダードでの政治の変化によって、マァームーンは帝国の首都へ帰還しなければならなかった。アリー・レザーも彼に従ったが、帰途、突然トゥースという町で没した。ここまでは上で述べたとおりである。シーア派の信者の信じるところでは、イマームはマァームーンに殺害されたという。いずれにせよ、彼が葬られた場所は、今日のマシュハドとなり、イラン国内でもっとも敬われている最大のイマームザーデとなった。

コム近郊の砂漠（高速道路から撮影）

さて、兄アリー・レザーがメディナを立ってから一年が経過するかしないかのうちに、その妹ファーテメは、兄に会うためにホラーサーンへ向かう決意をした。八一六年のことである。彼女がヘジャーズを出てイラン北東部へ向かって旅した経路については、現在資料的に確定することはできない。しかし、当時いくつかの行路があったことが知られている。ファーテメがいずれの行路に従ったにせよ、彼女は、コムの町からおよそ六〇キロほど離れたサーヴェの町へ到着したとき、病気にかかってしまった。この時の状況について、『コム史』から引用してみよう。

……コムの名士たちによって次のようにいわれている。回暦二〇〇年(西暦八一五年)、イマーム・レザーが(トゥースの)人々の忠誠を受けるため、メルヴへ赴かんとしてメディナを立ってから、彼の妹君ファーテメが、八一六年、兄上を慕い求めて(メディナの町を)後にした。サーヴェに到着したとき、彼女は病気にかかってしまった。彼女は問うた、

女性の旅行の様子

「私とコムの町の間には、どれほどの距離があるのですか。」

随行の者たちは答えた、

「一〇ファルサングです(約六〇キロ)」そこで、彼女は召し使いに命じて、自分を取り上げ、コムの町まで連れていかせた。召し使いたちは、彼女をコムまで連れていき、ムーサー・ハズラジュという人物の家に入った。(しかし、『コム史』の著者によれば)真実はこうである。(ファーテメがサーヴェにいるという)知らせが(コムにいた)アシャリー族の許に届いたとき、全員一致で、ファーテメを歓迎し、コムに来てもらうよう願おうということになった。彼らの中から、ムーサー・ハズラジュという人物が、一人でその夜(町を)出て、自分の住居に彼女を迎え入れた。

八代目イマームの妹ファーテメの廟（コム）

彼女は、一七日間だけ生きていた。彼女が亡くなったとき、身体を清め、棺に納め、祈祷を行なった後、ムーサー・ハズラジュは、バーベラーンという自らの所有する土地に彼女を埋葬した。現在、そこに彼女の聖なる墓所がある。そして、彼女の墓の上に、葦で編んだ被せ物で陰をしつらえた。

筆者の知るかぎり、上の引用が、ファーテメのコム到来に関するもっとも古く、しかももっとも長い記述である。

アラブ族がコムに定住してからファーテメがこの町に来たるまでの期間については、情報がほとんどない。しかし、上記引用中でのファーテメの言葉や初期アラブの活動など、状況的証拠を考慮に入れると、現在のコムを中心とする地域には、少なからぬシーア派信者、あるいは、シーア派的傾向を持つ人々が居住していたと推測できる。

いずれにせよ、七代目イマームの娘がコムの町に埋葬されたことによって、後代町の発展に甚大な影響を与えることになった。すなわち、後に解説するように、コムはシーア派信者の避難所、あるいは学問の中心地として大いに発展を遂げることになる。やがて、多くのセイエド（預言者の子孫）が町を訪れ、この土地で葬られることになった。かなり誇張した数ではあるが、そのような高貴な人達の墓（イマームザーデ）がコムには四四四あるといわれる。

ファーテメが埋葬されたバーベラーンは、当時の町の中心地から少し離れて南部に位置していた。しかし、やがて時代が経過するにつれて、重心が北から南に移動した。その結果、現在、彼女の廟は町の中心に位置している。こうして、コムの町は、シーア派世界においてもっとも有名で重要な中心地として発達してきたのである。

4 伝承に見るコムの起源と功徳

サファヴィー朝期の一資料によれば、コムの起源と功徳に関して四〇の伝承が伝えられている。すでにこれまで引用してきた『コム史』においても、それらの伝承の原形を観察することができるが、その意図は、どのようにして、また、なぜコムの町がシーア派世界でそれほどに優れた徳の多い地になったかを示すことである。これらの伝承を検討すると、そこには、第2章で述べた支配王朝による過酷な迫害の影響が如実に反映している。特に七世紀から一〇世紀に至る期間において、シーア派信者が被った苦しみが表現されている。例えば、次章で解説する救世主（マフディー）の教義などが、この時代に形成されたことは、まったくの偶然ではなかったのである。

この意味において、以下で具体的に紹介

カージャール王朝，ファタリー・シャー（1797 – 1834 在位）が葬られた一室

検討する伝承は、コムの地位や、役割を正当化したり、合理化する目的をもつ歴史的産物といえよう。
しかし、重要な点は、一旦それらが信者の間で受容されてしまうと、それぞれの信者にとって、ある種の普遍性を持つようになるということである。すなわち、彼らは、様々な伝承を用いてみずからの人生の意味を解釈したり、信仰生活のある局面で、適用したりするのである。

既述の四〇の伝承は、その内容に従って、大体次のように分類することができる。

(1) 圧政者からの避難所としてのコム
(2) 宗教的学問の中心地としてのコム
(3) 神によってもっとも祝福されたコム
(4) 巡礼地としてのコム（ファーテメ廟を中心に）

それでは、上の分類に従っていくつかの代表的な伝承を紹介検討したいと思う。
先ず第一に、コムの町が信者の避難所としての機能を持つことに関する伝承には、次のようなものがある。

ムハンマド・ヤァクーブ・クライニーによる、六代目イマーム、ジャファル・サーデクにたどる伝承によると（伝承の鎖省略）、ある日、ソレイマーン・サーレという人物がイマームのそばに侍っていた。するとイマームは、アッバース朝の混乱とセイエド（預言者ムハンマドの末裔）に降りかかった災害について語った。そこで、私たち（ソレイマーン・サーレたち）は問うた。
「おお、主よ、われらが汝の犠牲たらんことを。事態がこのようであるならば、シーア派の信者にとって、隠れ所、避難所は一体どこなのですか。」イマーム、ジャファル・サーデクはお答えになった。「汝らが何処へ行こうとも、反乱と混乱がある。したがって、汝らはコムの町とその近郊に避難することが必要である。なぜなら、至高の神は、コムとその近郊からあらゆる災害を除いてこられたし、これからも除かれるであろう。」

類似の伝承はまだほかにいくつかあるが、この例で大体の内容は伝えられている。
次に、コムが宗教研究の中心地であることを示す伝承について、次の例がおそらくもっとも有名で重要なものであろう。この伝承もまた、ジャファル・サーデクにその起源を持つ。

ある日、イマームはクーファ（の町）のことを思われた。そしておっしゃった。「やがて、クーファからはシーア派の信者がいなくなるだろう。そして、知識、知恵、人々は、まるで蛇が姿を隠し、消えてしまう様に、なくなってしまうだろう。後に知識と知恵は、コムと呼ばれる町に現れるだろう。隠された知識、重宝な秘密がその町で明らかとなり、その町は、徳を持ち、賢明な人々の源となるであろう。

さらに、知識は宣揚されて、地上にいる何者も信仰において脆弱とならなくなろう。したがって、ハレムにいる女性でさえ、イマームや（イマームの）代理の意味について知るであろう。つまり、これは最後のイマームの再臨が近いということである。至高の神は、コムとその町の人々を、創造されたものの徴（ホッジャ）とされるであろう。もしそうでなければ、地上にあるあらゆるものは、荒廃してしまうであろう。

この伝承の意味をめぐって、異なった解釈が行なわれている。しかし、ここでは、この伝承が、バグダードの隆盛によってクーファの町の勢力が衰え、他方、コムがシーア派信者の間で宗教研究の中心地として名声を博してきた反映と解釈したい。

伝承の第三の分類は、町が神によって祝福され、シーア派の信者にとって実質的な「約束の地」であることを示すものである。

コムの町が神による祝福を受ける地であることを示す例としては、やはりジャファル・サーデクにたどる次のような伝承がある。

（イマームは言った）知れ。至高の神には至聖所がある。それはメッカである。また、預言者にも至聖所がある。それはメディナである。信者の長（すなわち、アリー）にも至聖所がある。それはクーファである。そして、私と私の子供達の至聖所、それはコム地方である。コムは小クーファである。そこで、知れ。天国に至る門は八つあり、そのうち三つがコムで開いていることを。まさしく、私の子孫の中から（七代目イマーム）ムーサーの娘、ファーテメという一人の女性が、その町で死ぬであろう、そして、われわれシーア派信者のすべては、彼女の執り成しによって天国に入るであろう。

この伝承は、後述するコムが徳に満ちた巡礼の地であることを示す伝承とも関連している。その伝承を紹介する前に、もう一つ、コムが神によって祝福され、その地が約束の地であり、そこで居住する人々は、いはば、来たるべき救世主の「選ばれた国民」であることを示す伝承を紹介したい。この伝承も、やはりジャファル・サーデクに起源を持つ。

至高の神にとって、コムとその人々以外に神の徴（ホッジャ）は存在しない。神の徴が存在しない場合、天地は不安定である。一瞬の間も被造物は、神の徴について議論しない。しかし、コムの町はこの点で心配がない。やがて、神がすべての町に先立って、コムの町に神の徴を示される時が来るからだ。これは最後のイマームのお隠れのときであり、コムとその人々は、最後のイマームが現われるまで、その代理人となるであろう。もし神がこのように、コムの町とその人々を、最後のイマームのお隠れから再臨までの期間代理人になさらなければ、世界は崩れ、その人々は転覆されてしまうであろう。

コムの属性について述べた伝承の最後は、すでに少し触れたように、ファーテメやほかのイマームザーデと関連している。このグループの伝承の特徴は、イマームの家族や一族の霊的な力（バラカ）によって、信者たちが救済されたり、また彼らが長年煩ってきた病気の治癒がなされることを保証している点である。次の例は、三番目に挙げた例と若干重複しているが、ここではファーテメが埋葬された廟への巡礼を勧めている。

これは、ジャファル・モハンマド・サーデク（彼に平安あれ）から真正な伝承の鎖によって伝えられた伝承である。レイの町から一団の人々がイマームの許にやって来た時のことである。

イマームは尋ね給うた。

「汝らは、いずれの集団のものか。」

彼らは答えた。

「われらは、レイから参りました。」

すると、イマームは言い給うた。

「ようこそ、コムの兄弟たちよ。」

一団の者は言った、「おお、主よ。われわれはレイの者でございます。」

再びイマームは答え給うた。

「ようこそ。コムの兄弟たちよ」

このように、同じことが三度繰り返された。

そのとき、イマームは言い給うた。「至高の神には至聖所がある。それはメッカである。預言者には至聖所がある。それはメディナである。信者の長（つまり、アリー）には至聖所がある。それはクーファである。われわれにも至聖所がある。それはコムである。やがて、われわれの子供の中からファーテメという者がコムで埋葬されるであろう。彼女の墓に詣でて、この誉れを認める者は誰でも、確かに天国に入るであろう。」

また、次のように伝えられている。イマーム・サーデクが以上のことを述べた時、イマーム・ムーサー（つまり、ファーテメの父親）はまだ生れていなかったし、彼女の母親はまだ妊娠もしていなかった……。

本書で四〇の伝承すべてを論じることはできないが、以上の例で、コムの町に関する伝承の全体的な特徴は理解できると思う。

5　まとめ――聖都コムとイマームザーデ崇拝

前節までコムの起源についての伝承を検討紹介してきた。すでに指摘したように、これらの伝承には、多かれ少なかれ時代が反映している。すなわち、シーア派の信者が激しい迫害を受けた七世紀末から一〇世紀頃、すなわち、ウマイヤ朝とアッバース朝の時代である。この意味で、これらの伝承は生きた歴史的文献であるといえる。さらに、現在では散逸してしまった数多くの伝承も存在したことであろう。

しかしながら、重要な点は、これらの伝承は何世紀もの長い年月を経過して生き延び、現在も依然として生命を維持しているということである。その結果、それぞれの伝承は、各信者にとって普遍的な意味を持つようになり、紛れもない真実であると見なされるようになったということである。このような考えの根拠となるのは、すべての伝承がイマームによって、最終的な承認を与えられている点である。ここでは、厳密な歴史性が希薄となり、歴史的事件がいわば神話的に解釈されている。これらの伝承は、元はといえば単に過酷な迫害を受けたシーア派の歴史を記録し、後の世代に伝えることであったのかもしれない。さらに、後代作り出されたものである可能性もある。しかし、今やこれらの伝承は、コムの傑出した位置と他を凌駕する立場を正当化する働きを持つようになった。歴史性は、宗教的現実によって打ち負かされてしまった。このようにして、イマームによって語られたと信じられた伝承は、真正のものとして受容され、ついには、コムがシーア派世界の中心であることを証明する確固たる証拠として確立されたのである。

以上のように受容された伝承は、時の経過とともにますますその数が増大した。特に、十二イマーム派シーア主義が国教として認定されたサファヴィー朝中期までには、四〇あるいは、それ以上の数に達したのである。

いずれにせよ、この歴史性の神話への、あるいは、神話が歴史へと変容された結果、今日のコムがあるといえる。少なくとも信者の思考回路の中では、両者を区別することは大した意味がない。それ程までに、両者の混合が完璧に行なわれているのである。以上の議論を下敷きにして、本章のまとめとして、イマームザーデとしてのコムの諸特徴について整理したいと思う。

イマームの伝承が伝える聖なる町コムには次の特徴がある。

(1) 霊力（バラカ）が宿る地―精神的なものと同時に癒しなど、現世的利益を保証する力の源
(2) 古い時代より宗教的学問の中心地
(3) 信者の救済が約束された地。

イスラームの厳密な教義によれば、すべての信者はアッラー以外のいかなる神をも礼拝してはならないにもかかわらず、聖者崇拝は、公式の教義と手を携えて存在してきた。このことはイランのシーア派において顕著であった。ハンガリーの碩学ゴールトツィーヘルによれば、
ペルシア人は、聖者の神格化に向かう道をはるか遠くまで進んだということを、イマームに関する教

قم - انتشارات کتابفروشی صحفی

『巡礼の書』（コム）．信者たちは，この小冊子に書かれた祈りを読む．

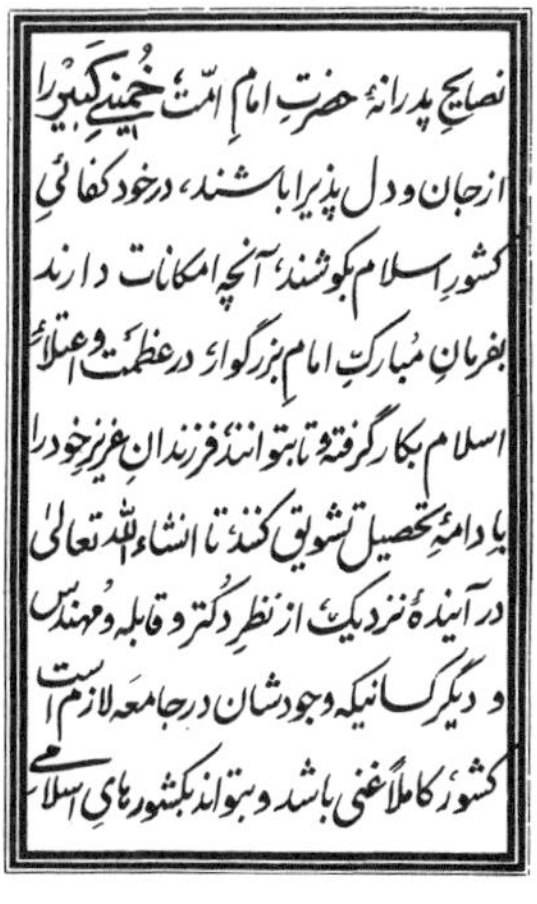
نصایح پدرانهٔ حضرت امام امت خمینی کبیر را
ازجان و دل پذیرا باشند، درخود کفائی
کشور اسلام بکوشند، آنچه امکانات دارند
بفرمان مبارک امام بزرگوار درعظمت و اعلاء
اسلام بکار گرفته و تا بتوانند فرزندان عزیز خود را
با دامنهٔ تحصیل تشویق کنند تا انشاءالله تعالی
در آیندهٔ نزدیک از نظر دکتر و قابله و مهندس
و دیگر کسانیکه وجودشان در جامعه لازم است
کشور کاملاً غنی باشد و بتوانند بکشورهای اسلامی

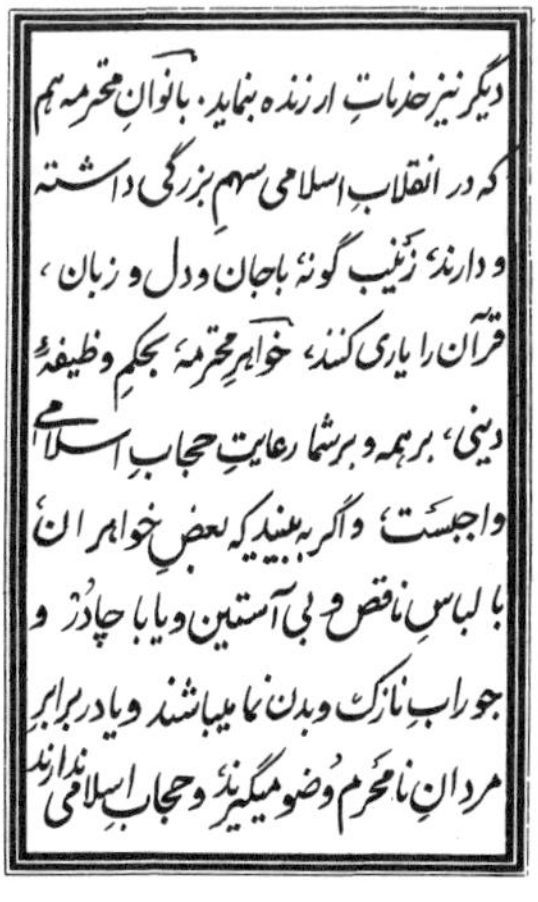
دیگر نیز خدمات ارزنده بنمایند. بانوان محترمه هم
که در انقلاب اسلامی سهم بزرگی داشته
و دارند، زینب گونه باجان و دل و زبان،
قرآن را یاری کنند، خواهر محترمه بحکم وظیفهٔ
دینی، برهمه و برشما رعایت حجاب اسلامی
واجبست، و اگر ببینید که بعض خواهران
با لباس ناقص و بی آستین و یا با چادر و
جوراب نازک و بدن نما میباشند و یا در برابر
مردان نامحرم وضو میگیرند و حجاب اسلامی ندارند

巡礼に関して，ホメイニーによる注意が記されている．特にこのページでは婦人の作法について述べてある．

義のみならず、民衆の信仰においても、殊更に明らかにした。これを精緻に行なうということにかけては、周知のように、ペルシア人は明らかに本領を発揮したのである。そして、彼らはこの傾向を、聖者に関する伝承の中で幾度も表現してきた……。

ファーテメやそのほかのイマームザーデの墓から発散する霊力は、彼らが預言者、その娘ファーテメ・ザフラー、彼女の夫アリー、そしてそのほかの一一人のイマームの末裔であるというその理由によってのみ、承認を得る。この霊力は、数多くの信者を引き付けないではいない。なぜなら、彼らは長年の間病気やその他の苦しみを煩ってきたし、聖なる家族の遺物に接することによって、ほかではけっして得ることのできない喜悦を獲得することができるからである。現在コムの町を訪れると、町のあちこちでファーテメ廟の様々な功徳が記された小冊子を手に入れることができる。そこには、信者が肉体的苦しみから開放された奇跡についての話が紹介されている。

また、コムはシーア派の宗教研究の中心地として知られてきた。九世紀から一一世紀に至り、町の繁栄は相当なもので、この町に関する現代の書物で、この時代と、この時代に活躍したシャイフ・ソドゥークなどの学者に言及しないものはない。現代に関していえば、特に一九二〇年代初期、ハーエリーがコムに来たりホウゼイェ・イルミエ学院を再興してから、誇張なしに町はシーア派研究の覇者となった。一九二〇年代以降のコムの発展を説明するために、同年代の学者の一人が上で検討したいくつかの伝承に準拠しているのは興味深い。コムの町は、一九五〇年代、六〇年代と、ボルージェルディーの指導の下に更に発展する。

コムの特徴の最後に挙げることができるのは、町は最後のイマームが再臨するまで、神の徴（ホッジャ）の場所であるということである。第2章および第8章で解説されているように、最後のイマームの「お隠れ」は、迫害を受けたシーア派信者の非政治化の表現として九―一〇世紀に発展した。しかし、時代の経過とともに、この教義が十二イマーム派シーア主義に最終的な存在理由を与えることになった。というのは、マフディーの到来は、疑いもなく信者が救済されることの希望と期待を実現するものだからである。したがって、コムに神の徴（ホッジャ）という地位が与えられたことは、この町がどれほど重要な役割を果すか、信者が期待していることを示しているといえよう。

イラン国内には、コムやマシュハド、シャー・アブドルアジームのような一等級のイマームザーデと並行して、イマームザーデ・サーレフなど、中小の数多くのイマームザーデが存在する。これらは、信者の日々の悩みや、苦しみに霊力（バラカ）で応えてくれる、人々の生活とは切っても切れない神聖な空間を提供しているのである。

第8章

十二代目イマーム・マフディー

——十二イマーム派シーア主義の完成

マフディーおわせば、その御方が　今日にも　いや明日にも
来たりますことを　切に望まん
我が吐息　我が心を　切り刻まん
イマーム様が蘇ることに　疑いは無し
そはイマーム、御神の名と恵みによりて　支配なさる
その方は　われらの中の　偽りの者と　真実なる者を　峻別し
恩寵と裁きを以て　報い給う

アリー・アッ・ハザーイー（七六五年没）

1 十二代目イマーム・マフディーとは誰か

十二イマーム派シーア主義が成立する最終的根拠は、「お隠れ（ガイバ）」になったイマームの「再臨（ラジャまたはロジューウ）」に対する信者の待望感である。この根拠によって、十二イマーム派信仰は完成する。十二代目のイマームが幼くして隠れたという教義は、アッバース朝による迫害という明らかに歴史的状況から生れたものであることは、既に第一章で触れた。しかし、信者の立場からすれば、将来、いや、たった今にも世の終わりが訪れて、不正に満ちた現在の信者共同体に公正と公平がもたらされることへの期待感と緊張感こそが、彼等の信仰に実存的根拠を与えるものである。これによって、救世主マフディーに対する信仰が、十二イマーム派信仰の最も太い柱の一本であることが分かる。

十一代目イマーム、ハサン・アスカリー（八七四年没）が他界した後の時代については、既に概略したとうりである。したがって、本章では、上記の歴史的背景を踏まえて、主として信者たちの記録に見ることができるマフディー観について述べてみたい。

まず、一番分かりやすい事例として紹介したいのは、一九八〇―九〇年代にイランの小学校で用いられていた『イスラーム文化と宗教教育（Farhang-e Islam va Ta'limat-e Dini）』という教科書である。

五年生の児童向け教科書に次のように「隠れイマーム」が説明されている。

十二代目イマーム様は、イスラーム暦二五五（八六八年）年、シャーバーン月（イスラーム暦第八番目の月）の半ばに、サーマッラーの町で生まれました。この尊い赤ちゃんの母親の名前はナルゲスといい、父親はイマーム・ハサン・アスカリー様です。敬愛するイマーム様は、預言者の名前をこの子のためにお授けになり、「ムハンマド」と名づけられました。十二代目イマーム様は、マフディーとかカーイェム（正しい、真っ直ぐな）、ホッジャ（徴、証明）としても知られています。敬愛する預言者ムハンマドは、十二代目イマームについて次のように言っています、

「イマーム・ホセインの末裔の中で九番目の子供は、私と同じ名前で呼ばれるだろう。彼の別名はマフディーであり、彼の到来をムスリムにとって果報としよう。」すべてのイマーム様も、彼の到来を恵みであるとして、次のように言っています。「イマーム・ハサン・アスカリーの子供は「マフディー」であって、彼の現われと勝利を汝らのために恵みとしよう。我々のマフディーは非常に長い間、私たちの目から隠れているが、長いお隠れの後、神の命令によって現われ、世界を公正（'adl）と正義（dad）で満たすだろう。」十二代目イマーム様は、お誕生の初めから、圧政者たちの目から隠れておられて、預言者の勧めによって、隠れてお住まいになりました。ただ、信頼のできる何人かの友人たちに対してだけ姿を現わされて、彼らとお話になりました。イマーム・ハサン・アスカリー様は、神の命令と預言者のお勧めによって、自分の子供マフディーをイマームに定めました。「時のイマーム（Imam-e

Zaman 十二代目イマームのこと)」は、父上の後、イマームとなり、子供のときから—神と彼の権威の元にある知識によって—イマームとして人々の指導者としての責任を果たされたのです。大いなる神は、無限の力を持って、非常に長い生命を彼に与えられました。そして彼に隠れて暮らすこと、心の清い人々を神の方へ導くように命じられたのです。現在、ホッジャ、つまり時のイマーム様は、私たちの目には見えません。しかし、人々の間を行き来して、援助されます。人々の集まりの中で活動されますが、誰もそれに気づきません。このようにして、自ら神に託された責任を果たしながら、人々に益をもたらされるのです。人々はまるで雲の後ろにある太陽から利益を得るように、時のイマーム様の尊い存在によって恩恵を受けるのです。

「お隠れ」と時のイマームの「再臨」

時のイマームの「お隠れ」は、世の中の状況が、正しい政府を受け入れる準備ができて、「イスラーム世界の政府」の基盤が整うまで続きます。世界の大半の人々は、困難や圧政の激しさに疲れ、時のイマームの出現を心から望み、彼の再臨に備えて準備するのです。そのとき、時のイマームは、神の命令によって、現れます。そして、自らの権威のうちにある勝利の力によって、不正なものどもを亡き者にされるのです。そして、真の平和と安寧を、タウヒード(神の唯一性)に基づいて、この世界に樹立されるのです。私たちイスラーム教徒は、さらにすべての世界の自由な人々は、このような光栄に満ちた日を心待ちにしているのです。彼を思い出しながら、指導者と、完全な人間を思い出しながら、自らの成長と進歩のために、そしてすべての社会の人々のために、努力します。さらに、真実を受け入れる心をもって、安寧を与える「マフディー様」にお目にかかることを望んでいるのです。そして、彼がもたらす大きな神の目的を成し遂げるために努力し、人類社会を良くするために奮闘し、偽りや圧制と戦います。このようにして、彼の勝利が再臨する準備をするのです。

このように、イランの教科書には、シーア派の信者であるならば知っていなければならない必要最小限の知識が記されている。このような記述を通して、子供たちは幼いころから自然にマフディーについて学習するのである。では引き続き、もう少し一般的な十二代目イマームの解説を加えたうえで、二人の著名なシーア派知識人（モザッファルとモタッハリー）の見解を紹介することで、「隠れイマーム」の理解を深めよう。

さて、それでは「お隠れ」になったイマームは、一体いつどこで再臨するのであろうか。また、十二イマーム派シーア主義における彼の役割とはどのようなものであろうか。最初に、マフディーが再臨する日時であるが、イスラーム史初期の段階においては、その日時を特定する傾向があった。実際、十二イマーム派が確立した九―十世紀以前においては、様々な政治運動と結びついてマフディー論が行なわれた。37ページで述べたムフタールの反乱はその嚆矢であった。

しかし、十二イマーム派シーア主義が確立してからは、このような過激な立場は影をひそめるようになった。この背景には、既に述べたように、シーア派信者が置かれていた過酷な政治、社会的状況があった。すなわち、十二イマーム派信仰の要であるイマームその人の生命に危害が加えられることを何としても回避する必要があった。さらに、イマームが現世の圧制的支配者に対して忠誠を誓うことは、何としてでも避けねばならなかったのである。

こうして、シーア派はその活動を内面化せざるをえなかった。と同時に、十二代目イマームの再臨の日時を特定せず、実質的に無期延長することには、二つの利点があった。一つは、信者の切実なマフディー待望感に恒久的な慰めを与えること。他は、いつ実現するかもしれないマフディー再臨の不安定な状況を、逆に宗教的緊張感として積極的な意義を与え、いわば正当化することであった。

再臨する十二代目イマームは、アリー、ホセインとともに、シーア派教学のいわば三本の柱を形成するほど重要な位置を占める。信者の宗教生活における緊張感は、マフディー到来への期待によって持続されるからである。もし、彼が再臨しないことが判明したならば、信者の信仰の基盤は、大きく揺らぐであろう。それどころか、十二イマーム派シーア主義そのものが存立の根拠を失うことになる。したがって、彼が到来する日時を特定した結果、もし彼の再臨が実現しないようなことになれば、信者は失望し、十二イマーム派そのものが存亡の危機を迎えることになるかもしれない。同時に、マフディーがいつ再臨するか不明であることは、信者一人一人の信仰心をテストするという意味もあったのである。

このような事情で、マフディー到来の年を確定することはできないが、彼はイスラーム暦第一月、モハッラム月一〇日（すなわち、ホセインがカルバラーで殉死を遂げた日）に再臨するという説が有力である。また、その日は土曜日であるという。マフディーがモハッラム月一〇日に再臨するというのは、善良であるにもかかわらず、迫害に苦しむ信者たちを、彼の到来によって「救出」し、その罪を「贖う」というシーア派の救済論と密接に結びついているためである。ちょうどキリスト教でイエスが果たすような罪の贖いの役割を、十二イマーム派では、三代目イマーム、ホセインが果たすため、（第4章冒頭の引用を参照）このイマームが悽惨な殉教の死を遂げたモハッラム月一〇日（アーシュラー）は、信者にとって格別な意義を持つのであろう。

また、十二代目イマームは、メッカのカーバ神殿で再臨すると信じられている。時は夜明け頃である。彼の出現に先立って、天変地異が起こる。例えば、日食や月食などである。一説によると、イマームの外見は、次のようであるという。すなわち、メッカに現われるマフディーは、預言者のいでたちで、頭には黄色のターバンを被っている。また、預言者風のサンダルを履いている。杖を手にしているが、これは羊を導くためのものである。

このような服装でカーバ神殿に入ってくるとき、誰一人として彼に気づかない。マフディーは若者である。やがて日が暮れ、人々が寝静まると、天使ガブリエルとミカエルが降ってきて、彼に語りかける。この後、マフディーは、神の教えに忠実であったものに対して、祝福の宣言を行なう。夜が明けるまでマフディーの到来を知らなかったものの中で、真の信者三一三人（これは、六二四年、ムハンマドが宿敵メッカ軍と戦ったバドルの戦いに参戦した信者の数）が彼の前に集合する。さらに、これにカルバラーでホセインとともに殉教の死を遂げた七二名が加わるという。一説によれば、カルバラーの殉教者の中で、ホセインのみが黒色のターバンを被っており、それにアリーの従者一万二〇〇〇人が随行するという。

このようなことがあってから、十二代目イマームは、人々の忠誠を求める。彼の手からは光が輝き出る。そして、彼はコーラン四八章一〇節を人々に伝える。

まことに、汝に忠誠を誓う者は、そのままアッラーに忠誠を誓うことになる、アッラーの御手がその者の手の上に置かれて。従って、その誓いを破ったりすれば、結局自分が損するだけのこと。反対にもしアッラーとの約束を立派に果たせば、アッラーが大きな御褒美下さろう。（井筒訳）

そして、彼はカーバ神殿を破壊し、やがてそれを再建することに取りかかる。これは、その時点まで存在していたあらゆる物が圧制的なカリフや、その代理人によって建設されたためである。この時点でそれらを完全に破壊し去ることは、以前の邪悪な物の痕跡を根こそぎにしてしまうということである。

以上のことを成し遂げてから、マフディーは、先ず、最初の信者共同体が建設されたメディナに進み、さらにクーファへと進む。ここはイマーム・アリーの都である。クーファ近郊のカルバラーにも、その日には多くの人々が集合する。また、この聖地は、天使が天と地を行き交う場所でもある。二〇〇六年初め、スンナ派の信者によると言われるイマーム・ホセインの聖なる廟に攻撃が加えられて、この町は一躍脚光を浴びたことは記憶に新しい。

一伝承によれば、この日、二つの大音響（一つは天使ガブリエルの、他はイブリースの大声）とともに、マフディーの到来が開始される。「不正に人々を殺害し、あるいは、人を迷わせし者どもよ、汝ら、その日（復活の日）、真っ逆さまに劫火の中に投げ込まれることを知れ。」と宣告される。と同時に、堕落し、不正に充ち溢れた現状を矯正する戦いのために、天からは五〇〇〇人の天使が下ってくる。さらに、戦いのための剣が天より下り、そこには定められた正しい人々の名前が記されている。この人々は、圧制、不正、反乱を根絶するために、また逆に、公正および善行を拡大するために、神の戦いに参加するのである。その結果、すべての善人、すべての信者が救済に与かるという（ファルジュ）。いずれにせよ、マフディーの到来によって、腐敗したこの世に重大な変更が加えられることになる。ただ、彼の到来は画期的な「世直し」の契機である反面、それはあくまで、復活、最後の審判に至る直前の出来事であって、復活そのものではない点は、注意を要する。

2 シーア派知識人による解釈

以上のマフディー到来のイメージを念頭に置きながら、まず最初に、ここで現代シーア派の思想家モザッファルの説明を紹介、検討したい。これによって、現代のシーア派信者によるマフディー理解の一端を窺い知ることができる。モザッファルによれば、世の終わりにマフディーが再臨するという考えは、ムスリムの間では普遍的に見られた。これを傍証する事実として、カイサーン派やアッバース運動の指導者たちがこの考えを利用した点をあげることができる。つまり、もしマフディー再臨に対する待望感がなければ、彼らの主張には根拠がないというわけである。ただ、これらの運動は、モザッファルによれば、真のシーア派の運動ではなく、人々を利用し、欺いたにすぎないという。真のシーア派の信者は、イスラームこそが最後の宗教であることを信じ、これ以外にはありえないと考える。ところが、現実はといえば、地上は不正と腐敗が蔓延しており、ムスリムはその教えを放棄し、実践していないことを認めずにはおれない。この現実を踏まえれば、イスラームが再興されて世の中が改革されるのを待ち望まずにはおれない。この現状を打開し、地上を公正と公平で満たす者は、当然のことながら、大いなる権威と超越的な権力を持つ導き手でなければならない。つまり、世の人々を救済する偉大なる改革者（マフディー）がぜひとも必要だ、ということになる。

この改革者に関して、諸々の宗教ではそれぞれの考えがあろうが、十二イマーム派シーア主義の信条によれば、その人物は確定した人物でなければならない。すなわち、その人物は、十一代目イマーム・ハサン・アスカリーの息子であり、西暦八七〇年に生まれ、今なお生きているということである。また、この人物の名前は、預言者と同じムハンマドである。

イマームは、たとえ「隠れた」状態であったとしても、絶えることなく存在しなくてはならず、神が望み給う時点に至って初めて再臨するのである。この時期は神のみが知る極秘事項である。最後のイマームがそれ程までに長い期間（すでに一一〇〇年以上になる）生きていることができるというのは、アッラーにより彼に授けられた奇跡である。モザッファルは言う。確かに、生理学的に言えば、人間は自然の齢しか生きることができない。これを延ばすことは、いかに医学が進歩しようと不可能である。ただ、全知全能のアッラーにはこれができるのである。みずからイスラーム教徒であると宣言している者がこの事実を否定することはできない。

ただし、モザッファルはここで注意を促す。救世主、あるいは改革者を待望するということは、手をこまねいて怠惰な日々を送るということではない、と。むしろ、逆にすべての神の命令を行ない、真理の道を見出すためのあらゆる努力をすることである、という。つまり、信者がイスラームのために戦い、その原則を実践し、ほかの人々にも同じように行なうことを勧め、悪を行なうことを控えさせるのは、彼らの義務である。

預言者は言う……
汝らは　すべて　羊飼いである。
汝らすべてには　この群れに対する　責任がある。

このように、モザッファルは、マフディーの教義と信者の関係を説明する。それでは次に、マフディー到来（再臨＝ラジャまたはロジューウ）の意義はどのようなものか、引き続き彼の説明に従おう。

シーア派の信条によれば、アッラーは、人々を生前の姿と同じようにこの世に戻し、善人と悪人に峻別する。そして、このことはマフディーが到来するときに行なわれる。神は、人間が高い水準の信仰を持つか、堕落してしまうかいずれかに至るまで、何人をも復活させない。この後、人間はもう一度死ぬ。そうして、人々は褒賞を受けるか、あるいは裁きを受けるために、再び復活するのである。コーラン四〇章一一節にも、

さすがの彼らもこうなっては、「神様、二度までも貴方は私どもの生命を奪い（一度目は厳密に言うと「生命を奪った」のではなく生まれる前の状態で「まだ生命がなかった」のである）、二度までも生命をお与え下さいました。私ども、いさぎよく己れの罪を認めます。なんぞしてここから逃げ出す道はないものでございましょうか」と言うだけであろう。（井筒訳）

と記してある。

シーア派の考えでは、コーランは、再臨（ラジャ）についても規定しているという。しかし、スンナ派では、この考えを忌むべきものとして拒否し、不信で多神教的であるとする。また、再臨に関する伝承を信憑性のないものと見なす。こうして、スンナ派がシーア派を侮蔑する最大の原因の一つが、この再臨の考えなのである。ただし、多くの論者に拠れば、コーランに既にマフディーに関する記述があるし、さらに預言者の伝承においては確実な事実として記されている、という。

すなわち、シーア派のみならず、スンナ派においても、マフディー到来は程度の差こそあれ、容認されているのであって、両者の相違は具体的に誰がマフディーであるか、どこで彼が現れるのか、という問題をめぐって生じたにすぎないとも言われる。7世紀以降のイスラーム世界では、救世主待望の雰囲気が蔓延していた。ただ、イブン・ハルドウーンが『歴史序説』の中でマフディーに関する伝承を批判するようになり、スンナ派ではマフディー待望論に批判的立場を取るようになった、という。

しかしながら、シーア派の言い分によれば、スンナ派が批判するように、再臨の教義は神の唯一性（タウヒード）や預言者の教義に違反する汚点などではなく、むしろこの両者を補強するものである。再臨、死者の再生によって、アッラーの超自然的力が証明され、ムハンマドと彼の家系の者（つまりイマームとその子孫）に関して、奇跡が証明されることになるからである。

創造して貰ったことなぞ忘れはて、譬え話まで持ち出して、「ぼろぼろになってしまった骨を誰が生き返らせる」などと言う。言ってやるがよい、「一番初めに（無から）お創りになった方が生き返らせ給う。……（36:78-79. ヤー・スィーン）

人々の中には、再臨（ラジャ）のことを「輪廻」の一種であるとして非難する者がいる。しかし、「輪廻」と再臨とは全く別物である。すなわち、ラジャにおいては、同人物の性格をすべて具現しながら、同じ人物の肉体に魂が帰還する。霊魂が転々とほかの生を受けるのではない。このように、シーア派では、再臨を肉体的復活の一種と考えるのである。ただ、復活と異なる点は、それはこの世で起こるということである。そして、このことを証明することも、また論駁することも人知の及ばぬ事項である。

いずれにせよ、再臨（ラジャ）は、イスラームの根本的信条、すなわち信者にとって義務的なものの一つではないので、六信五行には含まれない。しかし、再臨の教義は、預言者の家系の者に関する信頼に足る伝承から派生している。そして、その家系に属する人々（つまりイマーム）は無謬である。これは不可見の事項であり、何人にもそうではないと言えない事項なのである。

以上がモザッファルによるマフディー（救世主）および再臨についての説明である。彼の議論は、明らかに護教的であり、一方的である。シーア派信仰を持たない読者の冷めた目で見れば、まことに取りつく島もない議論と言えよう。にもかかわらず、敢えてそれを紹介したのは、実際にシーア派十二イマーム派の神学者、知識人、信者たちが、十二代目イマームに対してこのような信仰を抱いており、彼らがそれをどのように表現するのか具体的に知るためである。この目的のためには、一般の信者より、知識人が整理した議論のほうがその特長を知るうえで便利だからである。

以上において紹介した態度を覚めた理性の目で批判し去ることは容易である。しかし、信者が「信じた事実」をむげに否定することは、おそらく公正を欠くであろう。「信じられた歴史」がそこには厳然としてある。モザッファルのみならず、ムスリム知識人や一般信者の議論と信念の根拠は、コーランや預言者あるいはイマームの伝承である。それらをどのように解釈するかはそれぞれの立場によって異なるだろう。しかし、それが神の言葉そのものであると信じる者、さらに、ムハンマドが自らの信じる神の使徒であることを疑わない者は、この信念に基づいて行動したり発言したり、判断を行う。この信者の行動様式は、容易に崩れそうもない。

最後に、もう一人の現代シーア派哲学者、M・モタッハリーの解釈を紹介しよう。彼は一貫して合理的にマフディーの教義を解釈しようとするが、彼によれば、この教義ならびにそれに伴う待望感は、人類や社会の進歩の観点から解釈できるという。

モタッハリーによれば、信者の中には救世主の到来を頼んで、すべて現状の諸悪は彼によって矯正されるのだから、自分たちは手をこまねいて待ち望めばよい、したがって信者としての義務や責任を果たすことは無意味である、と考える者がいる現状に対し、これを厳しく批判している。それどころか、信者はマフディー到来以前の時代にどのように小さい義務であっても完遂することを中断すべきではなく、信者は救世主による救済（faraj）を待望しなければならない、という。

その論拠として、彼はこう述べている。ちょうど人類の進歩が⑴子供の時代、⑵青年の時代、そして⑶成熟の時代に分類されるように、社会をも⑴神話の時代、⑵知識（科学）の時代、⑶知慧、正義、平和、人間性、知性の時代に分類できる。コントの社会発展説を想起させるが、モタッハリーによれば、人類の社会は進化しているので、生活において苦しみや楽しみが互いに交錯していても、現在の苦しみ、楽しみと過去の苦しみ楽しみは、その意味内容において相当に異なっている。したがって、進化する人間はマフディーを待望することによって、より良い信者、人間として義務を放棄することなどありえない、という。ただし、この進化の過程は、西洋で言うような未来のないものではなく、マフディー到来後の平等、正義の確立と至福という限りない喜悦に満ちたものなのである。神は人間を無意味に創造したのではなく、被造物の中で最高のものとして作り出したのであるから、以上のことは確実に約束されている、というのである。

さらに、モタッハリーによれば、約束されたマフディーを待望する方法には二種類あるという。すなわち、建設的待望と破壊的待望である。前者が運動的（taharrok bakhsh）で約束をもたらすのに対して、後者は阻止的（baz darandeh）で麻痺させる（falaj konandeh）ものである。この二つの立場は、十二代目イマームの再臨について、歴史観の相違から生じる、という。

モタッハリーは、人々の中にはマフディー到来の前提条件として、世の中の混乱、不正や敵意が盛んに現れることが必要であるとして、このような状況が現出することを待望するものがいる。しかし、コーランや預言者、ならびにイマームの伝承を精査すると、マフディーの到来は、抑圧された者(mostaza'fan)や蔑まれた人々にとっての恵みであり、指導者や彼らを認証する人々にとっては一つの手段、さらに地上における神の代理権(khelafat-e elahi)を継承する者にとっては、前提であることが分かる。神は悠久の昔から天の書物の中でこの約束をしていた、というのである。

このように約束されたマフディーの到来(qiyam)は、これまで繰り返されてきた真理と過誤の戦いの環の中で最後のものであり、世界はこのとき立て直されるのである。マフディーの到来は、すべての預言者たち、聖人たち、人々による真理の道に至る戦いにおける理想を成就するものなのである。

モタッハリーのマフディー論は、最後のイマームに対する待望に積極的な意義を認め、現体制(すなわちパハラヴィー王朝)の下で抑圧される人々の救済論と結びついている点が特徴的である。この考えは現体制の否定へと導く可能性をはらんでいるといえるだろう。

いずれにせよ、十二代目イマームの「お隠れ(ガイバ)」は、「再臨(ラジャまたはロジューウ)」によって終結する。したがって、十二代目イマームに対する信仰は、十二イマーム派シーア主義の完成を意味すると言えよう。信者たちは、通常このイマームの名を口にするとき、「至高の神よ、彼の到来を早め給え（'ajala al-lah ta'la farjeh)」と唱える。

第9章……イマーム論の現代的意義

――現代シーア派思想家によるイマーム論

これまでイマームの歴史、教義の内容について説明してきた。では、その現代的意義はなんだろうか。本章では、簡潔にこの問題の地平を示すことにする。すでに「はじめに」ならびに第1章で概略を示したように、現代世界で注目されるイスラーム、特にシーア派イスラームの政治的影響力を正しく理解するために、背景となる伝統に関する知識が必須となる。宗教学者の政治的影響力を彼らの経済基盤、社会組織などの観点から説明することは重要である。しかし、それはあくまでも全体の一部を解説したに過ぎない。全体像をバランスよく把握したいと願う者は、シーア派の歴史的、教義的、儀礼的伝統を併せて知る必要がある。

第1章の7節で、一九七九年のイスラーム革命について触れた。そこで革命の指導者、ホメイニーの所説を簡潔に紹介した。中でも、法学者の代理統治（velayat-e faqih）論が重要であって、この思想は現在のイランの政治体制と密接に結びついているのである。実は、「お隠れ」になったイマームの後、誰が信者共同体の真の指導者であるかをめぐる議論は、十二イマーム派シーア主義における死活問題であったといってよい。実質的に宗教学者が何らかの役割を果たすことについて異論はないだろう。しかし、それはどの程度まで許容されるのか。この問題に関して、一九七九年の革命に先立って、程度の違いに応じて以下の五つの見解があった。

① 法学者を集合的に、人々の保護者として任命されたものと見なす立場（velayat-e entesabi-ye faqih）、
② 法学者の権威を特殊な社会問題の処理に限定する立場、
③ 法学者は監督権のみを保持するべきであって、政治は一般の人々に任せる立場、
④ 選出された一人の法学者が人々の保護者となることを認める立場（velayat-e entekhabi-ye faqih）、
⑤ いずれの支配的法学者をも人々の代表者と見なす立場。

ホメイニー師 15 年ぶりにイランへ帰還（後方にモタッハリーの姿が見える）

いずれが最良の解答であるかはともかく、革命後の

政治情勢は、④さらに⑤説を支持した。本節では、現在の支配的な立場が確立される以前に革命のイデオローグとして重要な役割を果たした、M・モタッハリーの見解を紹介して、「隠れイマーム」不在中の支配者の選定がいかに重要な問題であるかを示したいと思う。

モタッハリー

シーア派では、イマームの役割の枢要な部分に統治（hokumat）の問題がある。すなわち、預言者なきあと、統治の責任は誰がとるのか、という問題である。イスラームでは統治権は世襲的か、または普通の人間が統治の問題に容喙できるのか、という問題があった。

モタッハリーは、イマームの役割が単に統治を意味するのであれば、スンナ派の考え方のほうが魅力的であるという。なぜなら、スンナ派では統治者は自らの後継者を選ぶ権利を持たず、彼の後継者は人々によって「民主的」に選出されるべきであると考えるからである。これに対して、モタッハリーは、事態はそれほど簡単ではないという。つまり、イマームは12人しかいないのであって、最後のイマームの後、いったい誰が統治の任を帯びるのか。単純に有能な政治家が彼の後を継げるのか。彼は無謬でなければならないのか。また、イスラーム法に十分に通じていなければならないのか。さらに、彼は人々の相談役でなければならないのか。微細な点を詮索すればこのような問題が生じる。では、イマームの役割とはいったい何か。

モタッハリーは、預言者の後継者としてイマームの役割の中で最も重要なものは、宗教の奥義を解説する機能（towzih va tabin）であるという。イマームの役割に預言者のような啓示を受ける機能を含まないことは言うまでもない。預言者ムハンマドとイマームの唯一の相違は、前者の述べることは啓示に基づき、後者の言うことは預言者から学んだことに基づく、ということである。ただし、学ぶというのは通常の意味で教示されたということではなく、「預言者により私に対して知識の扉が開かれ、それによって千もの扉が開かれた」とイマーム・アリーが言っているような意味においてである。有名な伝承によれば（サクラインの伝承）、預言者が亡くなったあと、ムスリムを導く源泉は二つあって、一つはコーラン、他は預言者の末裔（すなわちイマーム）である。コーランが無謬ならば、当然他方（すなわちイマーム）も無謬でなければならない。なぜなら、預言者が人々に対して過誤を犯すような人物から宗教を学ぶように勧めるとは考えられないからである。すなわち、イマームは無謬であって、通常の政治家や指導者とは異なる。言い替えれば、シーア派は特殊な個人に対して共同体の支配権を認めるのに対して、スンナ派では共同体全体の意見の一致に求める。スンナ派の解釈との最大の相違点はここにある。

さらに、イマームの役割が正しく認識されれば、類推（qiyas）の必要はなくなる、という。シーア派の伝承を見ると、コーランと伝承に十分な根拠を見出せない場合、あたかも類推が可能であるかのようだが、これはイマームの役割を考えると明らかな誤りである。なぜなら、信者たちは直接的に、または聖なる預言者の末裔を通じて、すでに十分に預言者の伝承を持っているので、もはや類推に頼る必要はないからである。

イスラームは単なる信条ではなく、その教えの創始者がイデオロギーを明らかにしている。では、この教えを実践するために統治を必要とするというとき、どのように統治するのだろうか。つまり、こうである。指導者や統治権という観点から言うと、イマーム・アリーは預言者によって格別に任命されたわけであるから（第3章参照）、この人物はまったく別格で、他の人々と同格におくわけにはいかない。つまり、選挙や選考会議が入り込む余地はまったくないのである。これは他の一一人のイマームについても同様である。

ただし、最後のイマームが没した後、問題が生じた。なぜなら、無謬なイマームが「お隠れ」状態にあるので、世俗的権力を行使するものがいなくなったからである。それでは、統治者は共同体におけるすべての必要事項を果たすことのできる法学者でなければならないのだろうか。それとも、そのような者は不要なのか。そして、統治者は人々が選出できるのだろうか。

これらの疑問に対して、モタッハリーは必ずしも明確な答えを提示していないように見える。少なくとも一九六〇年代半ばにおいては、イスラーム革命の実現は想定外であり、必然的に彼の立場も不明瞭なのだと思われる。一九七〇年代以降になると宗教学者の政治的役割に関して、彼の立場はより明瞭になるが、基本的に人々が選挙するという立場については一貫して懐疑的である。この点を踏まえて、革命直前の彼の考えを見てみよう。

イスラーム革命と法学者（ファキーフ faqih）

革命後の政治において法学者の果たすべき役割に関するモタッハリーの見解を述べる前に、革命政府の基本的意味づけに関する彼の考えに触れる必要がある。まず、新しい政府は共和制（jomhuri 現在イランの正式な国名は、イランイスラーム共和国である）の形態をとっているが、同時にイスラーム的である、という。つまり、新体制の中身がイスラーム的なのであって、共和制は政府の形態に過ぎない。イスラームでは近代ヨーロッパの政治の金科玉条である政教の分離を一切認めず、人間のあらゆる営為を分節的ではなく、トータルに捉えることを建前とする。したがって、イスラーム的というのは、この政府がイスラームの原則と規則に従って人間活動のあらゆる分野にわたって運営を行なうということである。

この体制に反対する者は、国家がイスラーム的になれば、人々はイスラームの原則を信じて、この原則を有無を言わせずに認めさせることになり、そうなると、民主主義は危機に陥る、という。この点について、モタッハリーは次のように問い質している。はたして、民主主義の意味とは、人が一切の信条を持たぬことなのか、たとえば一定の知識、論理、哲学について有無を言わせずに認めさせることは、民主主義に反することなのか、それとも、（自らは）多数決の原則を信じてもいないのに、それらを他の人々に有無を言わせず認めさせるが、思想信条に関しては選択の自由を与えない、これこそが非民主的なのではないか、と。つまり、大多数のイラン人は圧倒的にイスラームを支持しているのだから、

イスラーム革命―婦人たちの参加

彼らがイスラームを信条として持つことはなんら問題ではない。誤っているのは、大多数のイスラーム教徒がこの信条に与しない少数派に対して、疑問点を問い質す許可を与えないことである。モタッハリーがこのように主張する根拠として、新政府の指導者（革命の精神的指導者ホメイニー）がイスラーム教徒である人民によって圧倒的多数で承認された事実の裏づけがあった。モタッハリーによれば、新政府は十分に「民主的」なのである。

では、次に法学者の統治権について。新政府が法学者によって統治されうる根拠に関して、モタッ

ハリーは法学的、伝承学的証明は行なっていない。しかし、その立場は明瞭である。すなわち、イスラーム共和制における法学者の統治権について、ある人は法学者の専制であると主張し、これは国民の統治に反するという立場がある。しかし、第1章で述べた立憲革命（一九〇五年―一一年）においてもそうであったように、一九七九年二月提出の「基本法のアウトライン」はイスラームの原則に従って作成されているので問題はない。つまり、五人の一級の法学者が臨席することによって監視するという規定は、立憲革命期においても「基本法補遺」に定められており、基本的に民主主義の精神に反していない、というのである。

重要な点は、人々が自ら法を実施するということである。自ら制定した法を実施すること、あるいは、一つの哲学に従って制定されたと考えられる法を実施することである。イラン人民は、その哲学、信条（すなわちイスラーム）を受け入れたのであって、後は啓示によって与えられた法を実施することである、とモタッハリーは述べている。

信仰（イスラーム）が人民の重大な権利であることが誤解されているのは、民主主義の解釈にかかわっている。すなわち、イスラーム体制に反対する人々の民主主義とは、一九世紀的西洋の民主主義であって、その時代には人々の関心は大半が衣食住にかかわっていて、思想信条が人間の重要な権利の一つであることが完全に忘れられているからだ、というのである。

ここにイスラーム革命のもう一つの意味がある。すなわち、イラン人民が圧倒的多数で承認したイ

説教をするモタッハリー

スラーム革命は、単に西洋の政治的支配、経済的帝国主義に対する蜂起ではなく、西洋の文化、イデオロギーに対する、また欺瞞的な自由、民主主義、社会主義、文明、刷新など、西洋追随に対する蜂起であって、これを実現するために、人々はイスラームを選択した、という主張である。

このように七九年の革命を意味づけながら、モタッハリーは「法学者の代理統治（velayat-e faqih）」の問題を論じているのである。前にも触れたように、革命直前から暗殺にたるまで（一九七九年五月一日）の段階で、法学者がイマーム不在中に果たすべき役割について彼の立場は明瞭である。少し長くなるが、モタッハリーの言い分を聞いてみよう。

また議論されている「法学者の代理統治」の問題も同様でございまして、「法学者の代理統治」とは、法学者が自ら政府の長になるとか、実際に統治するという意味ではございません。あるイスラームの国、すなわち人々がイスラームを一つのイデオロギーとして承認し、それを受容している国において、法学者の計画（政策？）は一つのイデオロギーでございまして、統治者の計画ではございません。イデオローグの役割とは、イデオロギーの正しい実施を監視することでありまして、（法学者は）法の実施能力、ならびに政府の長としてイスラームのイデオロギーを完遂することを望む人物を監視し検閲するのであります。当時、すなわち立憲革命期のことですが、人々は、また我が現国民もそうなのですが、「法学者の代理統治」の意味を法学者が統治するとか、国の行政を掌握することとは考えておりませんでしたし、今もそうであります。さらに長い期間、人々が「法学者の代理統治」について考えていたのは、社会、すなわちイスラーム社会の事柄について人々がイスラームの信条と結びついていることですが、（その社会は）全ての統治者の能力をイスラーム的国家の法の実施能力を有するや否やという観点から、法学者の承認に委ねなければならない、ということでございます。従いまして、イマーム（ここではホメイニーのことで、共同体の指導者の意味――著者註）は、ご自身の暫定政府の首相に対する布告の中で、次のように書いておられます。すなわち、「イスラーム的権限と人民の圧倒的多数によって私に表明された意思によって、私は政府の長を決定します」、と。「法学者の代理統治」は一つのイデオロギー的統治でありまして、元々、人民自身が法学者を選びます。このことが民主主義の本質なのであります。もし、法学者の選択が任命であって、すべての法学者が自分に続く法学者を定めるならば、これは民主主義に反する余地があるでしょう。しかし、この信条（すなわち、12イマーム派シーア主義）における賢者である人物として、「模倣の源泉（マルジャイ・タクリード marja' al-taqlid、巻末の基礎用語を参照）」を人民自身が選択するのであります。

イマーム（ホメイニー）のイスラーム法的権限は、一つの信条、一つのイデオロギーとしてのイスラームに対する人々との決定的な結びつきから成り立っているのでありまして、彼は権能のある地位であって、イスラーム的義務の遂行という観点から人材を識別できる、と人々は確信しているのであります。事実、イスラーム法の権利とイスラーム的（代理）統治権、すなわち人々のイデオロギーや世俗法の権利は、同様に人民の統治権なのでございまして、彼らは指導者を確定し、彼を信任しなければなりません。

しかし、聖職者階級の統治について述べる場合、おそらくみなさんの用いる言葉の中で、「イスラーム政府」と「聖職者の統治」の間で誤解が生じています。私はお尋ねしたいのですが、いったいどこでイスラームの語が聖職者の意味で用いられているのでしょうか。イスラームとは聖職者の宗教なのでしょうか。また、イスラームは聖職者階級のイデオロギーなのでしょうか。あるいは、人間のイデオロギーとは、我々にとって本質なのでしょうか。それとも、実際に知識人たちは「イスラーム共和国」の意味を理解しようとしたり、この語を耳にするとき、共和国を宗教家の用語でイメージして、その（語の）他の共和国との違いを、聖職者が（政府の）職や地位を掌握する点にのみ見出すのでしょうか。もし正確にわきまえないまま、このようなことを考えているのであれば、それは驚くべきことです。もし知っておりながら、反対しているのであれば、本当に嘆かわしいことです。

今日、小学校の生徒でも、イスラーム共和国とは共和体制のイスラーム社会（共同体）であることをよく知っています。小学生はイスラーム社会とはすなわちタウヒード(神の唯一性の原理)の社会であって、タウヒードの社会とは、タウヒードの世界観に基づく社会であることを知っており、それに拠れば、世界は彼岸から此岸へ向う本質を持つことも知っております。この世界観は、一つのタウヒードのイデオロギーを持っておりまして、それに拠れば、行動的タウヒードと解釈されるのでございます。すなわち、人間が一つの倫理および一様な社会にいたることなのでございます。

このように、モタッハリーは、法学者の代理統治（velayat-e faqih）の解釈について、前に述べた五つの解釈の中で、③と④の混合した立場をとっている。ただし、法学者が政府の役職を掌握し、国政に直接関与することについては積極的に何もいっておらず、むしろ消極的であるように見える。この問題は非常に微妙な問題である。モタッハリーの真意を質すことは、現存の資料を用いるかぎり、本人が革命成就直後に暗殺されてしまったために、もはや不可能である。ただ、彼の発言は、基本的にイラン近・現代史上宗教学者が伝統的に保ってきた立場と同一線上にある。すなわち、宗教学者はイスラームの伝統的価値に基づいて共同体が運営される際に、シャリーア（イスラーム法）からの逸脱を監視する役割、責任を帯びており、具体的な共同体の運営は、宗教学者以外の「公正な」ムスリム支配者が行なう、という姿勢である。

宗教学者がどこまで世俗的な支配者として政治的役割を果たすことができるのか、という問題の地平は広く、明らかに本書で取り扱う範囲を超えている。筆者は、機会があれば、本章で述べられた問題をさらに詳しく解説したいと考えている。ただ、この問題を正しく理解する方法は、おそらく彼らの役割を社会、政治、経済的に分析することだけではないであろう。彼らと一般信者の社会的結びつき、信者たちの経済的援助などは必須の要素ではあるものの、加えてシーア派が確立してから長年にわたって培われた教義的伝統、ならびに信者が積極的に参加してきた儀礼的側面など、シーア派信仰の核にかかわる問題を十分に踏まえていなければならないと考える。この意味で、シーア派（特に十二イマーム派シーア主義）の歴史、教義、儀礼に関する知識を得ることは、現在進行中のさまざまな事件を、より正確に知る上で不可欠な要素であると言えるのである。この意味で、法学者の代理統治論も例外ではない。それどころか、十二イマーム派の教義・儀礼と現実の歴史の結びつきを知るこの上ない優れた事例であると言えるだろう。

おわりに

中東の近・現代史、特にイラン近・現代史を一瞥しただけで、宗教（イスラーム）の果たしてきた特異な役割を知ることができる。すでに第1章で触れたように、反タバコ利権闘争（一八九一―一八九二年）、立憲革命（一九〇五―一九一一年）、さらに一九七八―一九七九年のイラン＝イスラーム革命などにおいて、十二イマーム派の宗教学者（ウラマー）、特に後者では法学者（faqih, 複数形 .foqaha）の演じた役割は、内外の研究者の関心を引いてきた。

これらの事例において宗教の果たしてきた役割を考慮に入れると、イラン近・現代史を総合的に把握するために、十二イマーム派シーア主義（Ithna Ashariyya , Twelver Imami Shiism）に関してなんらかの説明を行なうことなく論じることはほとんど不可能に近いことがわかる。この意味で、本書をしめくくる前に、同派に関する研究の現状について略述を行なうことは、本書全体の意図を知る上で有益である。

ホメイニー師（Ayatullah Ruh al-Allah Musavi Khomeini, 一九〇二―八九年）の指導によるイスラーム革命の勃発以後、イランの国教である十二イマーム派シーア主義の特異性に対して、これまで以上に注目が払われた結果、さまざまな角度から研究が行なわれるようになった。しかし、依然として未開拓の分野が多く、この意味でイランのシーア主義研究は、多くの可能性を秘めた研究分野であるということができる。

これまで行なわれてきた研究の成果は、大雑把に次のように分類整理することができる――

(1) 教義的アプローチ、
(2) 社会・政治的アプローチ
(3) 経済的アプローチ
(4) 一般民衆、信者の信仰、宗教観の立場に基づくアプローチ。

以下において、この四つの立場に立脚した研究について、簡潔に批判検討を行なうことにする。

(1)の教義的アプローチは、宗教のいわば「建前」を論じ、その枠組を知る上で極めて重要である。研究テーマとしては、イマーム論、イマームの権威の基盤とその権威の委譲の問題、さらにこの議論の発展として、信者共同体におけるウラマーの権限の教義的根拠を探ることなどが中心となる。しかし、この分野に関心をもつ研究者は、ともすれば歴史的諸条件（社会、政治、経済的諸条件）の変化を無視、あるいは軽視することによって、超時間的に問題を把握するという欠点がある。例えば、第1章で述べた、ウラマー（イスラームの宗教学者）がイマームの代理人として信者共同体を直接支配する権限をもつかどうかという議論がある。教義的アプローチの立場をとる人々の中には、初期の神学書にこれを立証する記述が存在しないことを根拠に、ウラマーのこの権限を否定する人がいる。つまり、十二イマーム派の教義は、一〇―一一世紀にその基礎が確立されたが、その教義をそのまま近・現代の状況に当てはめようと試みるのである。時代の推移に従って、宗教をめぐる諸条件が変化することは当然であり、教義も時代とともに変化する。しかも、教義はあくまで「建前」の議論であって、実際に宗教に係わる諸問題を取り扱うウラマーたちが、歴史条件の変化に従ってさまざまな権限をもつようになったことは、なんら不思議なことではない。特に、シーア派では、宗教問題の解釈に際して理性的判断（イジュティハード）の門は閉ざされていないとされるので、これを用いることによって、ウラマー（特にイジュティハードの行使を許されたモジュタヘド）の権限が拡大されたと考えることは十分に根拠がある（第6章でシーア派における理性の位置づけについて言及している）。

(2)、ついで社会、政治的アプローチについて。この立場の中心を占めるのは、イスラームの宗教学者「ウラマー」論である。

イラン近・現代史（特に一九世紀初頭から現代に至るまで）を一貫して、ウラマーは社会、政治の分野で計り知ることのできない重大な役割を果たしてきた。ムスリム社会における彼らの役割は非常に大きく、人々の生活の細部にいたるまで多かれ少なかれその影響下にあった。この意味で、ウラマーの社会、政治的役割に注意を払うことはけだし当然である。

しかし、この点を強調する余り、ウラマーに関連する諸々の事件について、社会、政治的利害関係の枠組でのみ論じ、この利害関係が彼らの影響力のすべてを決定するかのように説明を行なうことは誤りである。信者共同体の宗教体験の代表者、指導者という彼ら本来の重要な役割を軽視することはできない。宗教の問題は、宗教本来の機能、役割に基づいて考察することが必要で、宗教以外の尺度を用いて判断を下すことができない場合が多い。

(3)、経済的側面から行なう十二イマーム派シーア主義研究は、これまで最も未開拓の分野である。スンナ派のウラマーは、国家から多大な金銭的援助を受けていたため、国家から独立した独自の立場を堅持できなかったといわれる。これに対して、シーア派のウラマーは、一般信者からの布施やワクフ（宗教的寄進財）管理等々からの収益によってかなりの収入を得ることができたため、経済的に国家に対する依存度が低く、強硬な態度を維持することができたといわれてきた。

これまで、点数は少ないがウラマーの経済基盤に関するいくつかの研究が存在する。しかし、実情を把握するために多くの困難が伴うため、実質的な研究が行なわれてこなかった。例えば、ワクフについても、実際これがウラマーの権力の経済的基盤として、そしてその結果として彼らの社会、政治的権力の基盤としてどれ程重要であったか、さらに、マシュハドやコムなど、イラン最大級のワクフをもつ聖地におけるワクフの管理状況の実態などを知ることは至難の術であり、具体的にはほとんど明らかにされていない。

この他、信者からの寄進や宗教税の徴収、さらにウラマー自身が行なう商業活動等々についても不明瞭な点が多いのが実状である。これらの問題を解明するためには、以上の経済活動に関するファトワー（教令）やトゥズィーフ（towzih al-masa'el モジュタヒドによる法的問題の解説）などを分析し、現実の慣行と比較検討することが必要である。

(4)、第四番目のアプローチは、一般民衆、あるいは信者の宗教観、信仰、宗教的慣習の側面から行なうものである。本書は、教義、社会、政治的アプローチばかりでなく、この方法に格別注意を払いながらシーア派について解説を行った。一般の信者から知識人エリートにいたるムスリムの宗教観や宗教的慣習に注意を払うことによって、彼らの歴史参加の動機の一端を知ろうとする企ては極めて重要である。

ムスリムの宗教観や信仰という観点から彼らの歴史参加について知ることは、具体的資料に乏しいため、資料的に裏づけることは困難である。しかし、一方でタァズィーエ（受難劇）、聖者崇拝（イマームや預言者ムハンマドの末裔と信じられているセイエド、あるいは、彼らの廟および縁のある、事物に対する崇拝）等々、イラン人ムスリムの間に広汎に流布した（している）慣習を考察することによって、また他方で、知識人の書き残した文書や説教の類を調査することによって、彼らの宗教観を知ることができる。その結果、ムスリムが参加した歴史的運動の背後に種々雑多な宗教的動機が存在したことが明らかとなり、歴史の理解が容易になるだろう。

本書は、主として（1）、（2）、（4）に留意して記述した。第1章ならびに9章で扱ったウラマーの代理権をめぐる問題や、代表的ウラマーの思想や役割などに関する議論は、恐らく読者の関心が強いと思う。しかし、この問題を詳細に解説することは明らかに本書の射程を越えているため、今後の課題として残しておく。本書では、それにいたる大前提として、十二イマーム派シーア主義の歴史と、同派を理解するための根幹といえるイマーム論に特に焦点を当て、解説するに止まった。この作業がうまくいったかどうか、筆者には不明である。しかし、これまで時事問題としてのみ取り扱われることの多かったシーア派について、やや踏み込んだ解説ができたと思う。

本書が出来上がるまでに多くの方々から多大な恩恵を受けた。大阪外国語大学でペルシア語を教えていただいた井本英一、勝藤猛、岡崎正孝先生、特にイスラームを一から手ほどきしていただいた加賀谷寛先生に心からお礼申し上げる。またUCLAで教えを受けたN.Keddie, A.Banani, M.Morony先生にも謝意を表したい。中でも、宗教研究者が神学を研究することは一向に構わないが、決して「神学して」はならない、と絶えず警告していただいたK.Bolle先生には格別の恩恵を受けた。いまでもこの教えは筆者の研究姿勢の根本として、肝に銘じている。また、同志社大学一神教学際研究センターの先生方からも貴重な助言を得た。そのほか、大阪外国語大学、大谷大学、関西大学、同志社大学で授業を聴いて「想定外」のユニークな質問をしてくれた学生諸君、さらにJTBカルチャーサロンで熱心に耳を傾けていただいた聴講者の方々にも感謝申し上げる。一般の人々の関心を知る上で非常に役立った。また、原稿のワープロ入力では、大阪外国語大学ペルシア語学科の中村優さんには大変お世話になった。最後に、本書は京都大学学術出版会の國方栄二氏の心強い支えがなければ世に出ることはなかったであろう。氏からは、長年にわたり、機会あるごとに哲学の分野で教示を受けているが、今回格別お世話になった。改めて御礼申し上げたい。

二〇〇七年一月五日

嶋本隆光

【図版一覧】

カバー　「アリーと獅子の図」比類なき戦士アリーのイメージを獅子との類比で表現している。手には名刀ズル・ファッカールを持つ。作者不明。(レザーイェ出版社)
この作品の権利関係についてご存知の方は当会までお知らせ下さい。
p.v　筆者撮影。
p.9　*Midnight Marches through Persia*, H.Ballantine, Boston, Lee and Shepard Publishers, 1879, p.112.
p.10（上）*The Persian Revolution of 1905-1909*, E.G.Browne, Frank Cass & Co. Ltd.,1966, p.58.
p.10（下）*Foqaha-ye Namdar-e Shi'eh*, 'Aqiqi Bakhshayesh, Qom,n.d.
p.12（上）*Nehzat-e Ruhaniyun-e Iran*, 'Ali Davvani, 1999.
p.12（中）*Midnight Marches through Persia*, p.198.
p.12（下）*An Introduction to Shi'i Islam, Moojan Momen*, Yale University Press, 1985.
p.13　*The Persian Revolution of 1905-1909*, p.98.
p.15（上）*The Persian Revolution of 1905-1909*, p.148.
p.15（中）*The Persian Revolution of 1905-1909*, p.114.
p.15（下）*Ibid.*
p.16　*Nehzat-e Ruhaniyun-e Iran*, vol.1., (Nuri's execution).
p.17（上）*The Persian Revolution of 1905-1909*, p.132.
P.17（下）*Ibid.*, p.124.
p.18　*Ibid.*, p.204.
p.21　シャーの時代の小学校歴史教科書。
p.24（上）*Foqaha-ye Namdar-e Shi'eh.*
p.24（下）*An Introduction to Shi'i Islam.*
p.25（上）*Ibid.*
p.25（下）*Ibid.*
p.27（上）*Ibid.*
p.27（中）*Nehzat-e Ruhaniyun-e Iran*, vol.9-10.
p.27（下）*Ibid.*
p.35　*Honar-e Irani ba Elham-e Aqayed-e Dini va Madhhabi*, Muzeh-ye Negarestan, 1978, p.5.
p.36　*An Introduction to Shi'I Islam.*
p.37　*Honar-e Irani ba Elham-e Aqayed-e Dini va Madhhabi*, p.16.
p.43　*An Introduction to Shi'i Islam.*
p.53　*Ibid.*
p.54　*Ibid.*
p.69（上）*Honar-e Irani ba Elham-e Dini va Madhhabi,* p.1.
p.69（下）小学校教科書の「ガディール・フンム事件」。

p.73	*Treasures of Asia, Persian Painting*, Rizzoli International Publication, Geneva, 1977, p.106.
p.79（上）	*Ibid.*, p.107.
p.79（下）	*Ibid.*, p.105.
p.91（上）	*Honar-e Irani ba Elham-e Dini va Madhhabi*, p.13.
p.91（下）	*Ta'zzieh dar Iran*, Sadeq Homayuni, Shiraz, 1990, p.118.
p.98	*The Glory of the Shia World*, P.M.Sykes, Macmillan and Co., Limited, 1910,p.199.
p.103	*Ta'zieh dar Iran*, p.97.
p.106（上右）	*Ibid.*, p.101.
p.106（上左）	*Ibid.*, p.385.
p.106（下）	*Ibid.*, p.325.
p.107	*The Glory of the Shia World*, p.195.
p.111	*The Persian Revolution of 1905-1909*, p.252.
p.124	*The Ruba'yat of Omar Khayya'm*, New York Graphic Society, 1966, p.99.
p.153	*Nashar-e Rezayeh.*
p.154（上）	マシュハドの絵葉書。
p.154（下）	マシュハドの絵葉書。
p.155（上）	筆者撮影。
p.155（下）	*The Glory of the Shia World*, p.235.
p.162	筆者撮影。
p.163	*Midnight Marches through Persia*, p.118.
p.164	*Qom, a Holy Memorial*, Cultural Heritage Directorate of Qom.
p.166	*Qom, Another Glance*, Naser Mizbani, Qom, 2005.
p.175	筆者所有。
p.197	*Shaykh Shahid, Majmu'eh-ye Mosavvar az Zendegi-ye Ostad Shahid-e Motahhari, Tehran*, 2003, p.48.
p.198	*Ibid.* p.9.
p.202	*Nehzat-e Ruhaniyun-e Iran*, vol.9-10.
p.204	*Shaykh Shahid*, p.50.

索　引

［あ］
アーイシャ　30-31, 33
アイヌッ・ドウレ（テヘラン知事）　12-13
アクル（理性）　149
アッバース家　38-40, 45, 139-140
アッラー　v, 5, 28, 31, 49-50, 58, 61, 73, 155, 174, 185, 188-190
アッラーマ・ヒッリー　49-50
アドル（公正，正義）　ix, 28, 100, 114
アブー・アッバース　40, 142
アブドル・モッタレブ　145
アブー・バクル　31-32, 63, 142
アブー・ハニーファ　42, 141
アブー・ムスリム　40-41
アミーン　156, 161
アムル・アース　33-34
アラーク　23-24
アリー・アビー・ターレブ（初代イマーム）　6-7, 31-43, 48, 50-51, 第3章, 96, 113, 119, 122-123, 125, 127, 138-140, 143, 146, 151, 185-186, 199, 200
アリー・ハーディー（10代目イマーム）　43
アリー・レザー（8代目イマーム）　54, 82-84, 89, 124, 第7章
アリー・レザー廟　54, 154-155, 157
アルダカーン　24
アーレム（学者）　15
イジュマー（総意）　6, 58, 149
イスファハーニー　18-20
イスマーイール　39, 51-52,
イスマーイール派　46
イスラーム革命（イスラーム共和革命）　iv, 9, 26-27, 29, 147, 157, 196-198, 201-204, 209
『イスラーム政府』　28, 206
イスラーム法（シャリーア）　16-17, 28, 199, 205-207
イブン・バーブーイェ　47, 124
イブン・ハルドゥーン　190
イブン・モルジェム　34, 63, 83, 85
イマーム
　十二イマーム派シーア主義　4, 20, 29, 40, 43-44, 46, 49-50, 52-54, 56, 58, 64-65, 101, 115-117, 123, 134-137, 143, 146, 173, 177-179, 182-183, 188, 194, 197, 208-209, 212, 214
　歴代イマーム
　　初代イマーム　→アリー・アビー・ターレブ
　　2代目イマーム　→ハサン
　　3代目イマーム　→ホセイン
　　4代目イマーム　→ザイヌル・アーベディーン
　　5代目イマーム　→ムハンマド・バーケル
　　6代目イマーム　→ジャファル・サーデク
　　7代目イマーム　→ムーサー・カーゼム
　　8代目イマーム　→アリー・レザー
　　9代目イマーム　→ムハンマド・タキー
　　10代目イマーム　→アリー・ハーディー
　　11代目イマーム　→ハサン・アスカリー
　　12代目イマーム（隠れイマーム）→マフディー
イマーム・サッジャード　→ザイヌ

ル・アーベディーン
イマームザーデ　56, 87, 153, 155, 157, 165, 170-172, 174, 176-177
イマーム・ジョンメ　18
イラク問題　iii
『イラン人覚醒の歴史』　109
ヴァーエズ（説教僧）　9, 13, 65
ウスマーン　32-33, 44-45, 63, 124
ウスーリー学派　21, 29
ウマイア朝　7, 32-36, 38-40, 46, 63, 114, 120, 138-139, 142-143, 147, 157-159, 173
ウマル　32, 63, 124-125, 130
ウラマー（宗教学者）　ix, 3, 7, 9, 15, 23, 25
ウルジャイトゥー　50
ウンマ（信者の共同体）　30-31, 62, 67
大きなお隠れ時代　45
お隠れ　→ガイバ

［か］
カイサーン派　38-41, 139, 187
ガイバ（お隠れ）　8, 38, 41, 44, 179, 194, 234
カーエム　→マフディー
隠れイマーム　→マフディー
カージャール朝　8, 10-11, 14, 20-22, 56, 102
カーズィー　9
ガディール・フンム　69-70, 80, 85
カーバ神殿　58, 144, 184-185
カリフ・マンスール　42, 141-142
カルバラーの殉教（悲劇，戦い）　7, 36 -37, 48, 90-91, 96-97, 112-115, 119-120, 127, 131, 137, 158, 184-185
キジルバシュ　51
教令　→ファトワー
ギリシア哲学　140,148
クーファ　7, 33-34, 36-37, 40, 63, 158 -159, 168-169, 172, 186
クルド人　iii-iv
ケルマーニー　109
原初の光　→ムハンマドの光
憲法　13-14, 16-18, 113
コム（コム市）　21, 23-24, 26-27, 42, 49, 54, 113, 152, 157-177, 212
『コム史』　119, 123, 159, 163, 166
ゴラート　41,46

［さ］
ザイド（4代目イマームの子）　158-159
ザイヌル・アーベディーン（4代目イマーム）　38-39, 82, 第5章, 158
再臨　→ラジャ，ルジューウ
サーヴェ　158, 163
サーサーン朝　64, 118-119
サッダーム・フサイン　→フサイン
サドル　53
サファヴィー朝　iv, 8, 30, 51-55, 64, 90, 96, 117, 119, 123, 126-127, 134, 153, 157, 166, 173
サーマッラー　11, 54, 63, 142, 180
シースターニー師　3
ジハード（聖戦）　113-115
シャー・アッバース　53-54
シャー・アブドルアジーム　177
シャイフ・ソドゥーク　176
シャイフ・モフィード　47
ジャファリー派　43, 146
ジャファル・サーデク（6代目イマーム）　42-43, 46, 89, 第6章, 167-172
シャフルバーヌーイェ　118, 123, 125 -126, 128-133
ジャマールザーデ　19
シャリーア　→イスラーム法
シャリアティー　75-78, 80-81, 87
シャリアトマダーリー　25
十二イマーム派シーア主義　→イマーム
『殉教者の園』　90, 96, 119, 127-128, 131 -132

シーラーズィー　10-11, 24
ズール・ファッカール　73
スンナ派　iii-v, 3, 6, 41-42, 48, 50, 52-53, 55, 58, 64, 71, 127, 134, 140-141, 149, 153, 186, 190, 198-199, 212
セイエド（ムハンマドの末裔）　23, 36, 85, 111-113
セイエド・アブドル・ハミード　110 -111
セイエド・ホセイン　112-113
正統カリフ　6, 142
セルジューク朝　48
ゾルム（不正）　ix, 28, 100, 114

［た］
タァズィーエ（受難劇）　37, 48, 55 -56, 81, 88, 90, 96-109, 113, 115, 127, 213
代理統治　v, 28, 197, 204-205, 207 -208
タウヒード　58, 144, 181, 190, 206 -207
タキーア　42, 141
タキーエ　97, 102
タッワーブーンの蜂起　37, 158
タバータバーイー　①立憲革命の指導者　13, 16, 111; ②哲学者　67
タリバン　iii
小さなお隠れ時代　44, 47
トゥース　156-157, 162-163
ドゥースト・アリー・ハーン　102, 104, 107
時のイマーム　→マフディー

［な］
ナジャフ　23, 27-28, 34, 50, 54, 63
ナーセロッディーン・シャー　9, 107
『ナフジュル・バラーカ』　72
ニザームルル・ムルク　48
ヌーリー　13, 16-17, 19, 24, 111

［は］
ハーエリー　23-24, 26, 176
バクダッド　7, 36, 45-47, 156, 162, 169
バーケル・マジュリスィー　→マジュリスィー
バーザルガーン　75, 77-78, 80-81, 87
ハサン（2代目イマーム）　34-36, 113, 123-124, 146-147
ハサン・アスカリー（11代目イマーム）　8, 39, 43, 82, 179-180, 188
ハサン・サドル　57, 88
ハーシム家　31-32, 35, 38-39, 62, 98, 122, 126
バスト　111, 113
バドルの戦い　61, 73, 185
パハラヴィー朝　21, 26-28, 100, 114, 123, 194
バーフェキー　23
バラカ（霊力）　72, 100, 171, 174, 176 -177
ハールーン・アルラシード　155, 157, 161
ハワーリジュ派　33-34, 63
反タバコ利権闘争　9, 13, 65
ピーシュナマーズ　9
ヒズボッラー　iii-iv
ファキーフ　→法学者
ファーティマ（預言者ムハンマドの娘，アリーの妻）　31-32, 36, 62, 64, 84, 93, 125-126
ファーティマ朝　46
ファーテメ（8代目イマームの妻）　第7章
ファトワー（教令）　11, 213
フサイン（サッダーム・フサイン）　iv, 3
ブーヤ朝　45, 48, 64, 123
ベフベハーニー　13, 15-16, 111-112
ベヘシェティー　24

法学者（ファキーフ） v, 9, 23, 28-29, 47, 59, 65, 148, 150, 197, 200-205, 207-209
法学者の代理統治 197, 204-205, 207-208
ホウゼイェ・イルミエ（宗教学院） 23-24, 176
ホセイン（3代目イマーム） 7, 36, 37, 第4章
ホッジャ →マフディー
ホムス（宗教税） 11
ホメイニー 25, 27, 175, 197
ホラーサーン 39-40, 124, 139, 155-156, 162
ボルージェルディー 177

［ま］
マァムーン 155-157, 161-162
マシュハド 21, 54, 85, 104, 152, 155, 157, 162, 177, 212
マジュリスィー（バーケル・マジュリスィー） 55, 72, 67, 123, 126
マスラハ（信者共同体の福利） ix, 28
マドレセ（宗教学校） 19, 110
マフディー（12代目イマーム，時のイマーム，隠れイマーム，カーエム，ホッジャ） 8, 11, 20, 28-29, 39, 43, 47, 66, 150, 169-170, 177, 第8章，198
マフムード・ガーザーン 49
マルジャイ・タクリード（模倣の源泉） 205
マーレク・アナス 42, 141, 149
ミールザー・アボル・カーセム 17-18, 20
ムアーウィア 33-35
ムクタダー・サドル師 3
ムーサー・カーゼム（7代目イマーム） 52, 161
ムータジラ派神学 148
ムハッキク・ヒッリー 50
ムハンマド・アリー・シャー（国王） 16-17
ムハンマド・クライニー 47, 167
ムハンマド・タキー（9代目イマーム） 39
ムハンマド・トゥースィー 47
ムハンマドの光（原初の光） 71-72, 143, 145
ムハンマド・バーケル（5代目イマーム） 38, 123-124, 141
ムハンマド・レザー・シャー（レザー・シャーの息子） 26
ムフタールの反乱 37, 158, 182
ムフティー 9
モザッファル 182, 187-189, 191-192
モザッファロッディーン・シャー（国王） 18
モジュタヘド 8, 13, 20, 23, 29, 213
モスク 14, 17-18, 34, 43, 63, 77, 111-113, 124, 155, 160
M・モタッハリー 147, 182, 192-194, 198-204, 207
モッラー 8, 104
モンタゼリー 25

［や］
ヤズィード 35, 37, 94, 120,130

［ら］
ラジャ（再臨） 41, 44, 179, 189-191, 194
理性 →アクル
立憲革命 9, 13-16, 18-19, 24, 75, 77, 109, 111, 203, 205, 209
ルジューウ（再臨） 8
レザー・シャー 22-23, 26
ロウゼ・ハーニー 101

［わ］
ワクフ 108, 157, 212

シーア派イスラームの基礎用語

本書を読む際、やや特殊な用語に関する知識がないと理解できない場合がある。そこで、基本的に重要と思われるイスラームの用語を以下に解説する。なお、用語はカタカナ表記がしてあるが、必ずしも原音と一致していない。したがって、アルファベットで表記する慣習に従って、ABC 順にならべてある。

アドル（'adl） 正義、公正。均衡の保たれた状態を示す。ムスリムの歴史において究極の理想として、この実現のために社会・政治運動が行なわれた。反対はゾルム。

アフル・ケターブ（ahl al-ketab） 文字通りの意味は、「書物の民」。聖典が啓示された民族をあらわすのに用いられるコーランの表現である。イスラーム史の初期においては、この語はキリスト教、ユダヤ教、サビアン教徒に対して用いられた。後代、ペルシアの征服以降は、ゾロアスター教徒にも用いられるようになった。しかし、この原則は、イスラーム教徒が真正の宗教的伝統に接触した場合、もれなく適用されたので、ヒンズー教徒や仏教徒をも「啓典の民」と呼ぶイスラーム学者がいた。

アーホンド（akhond） イスラームの聖職者。ロウゼハーン（同語参照）から派生。かつては敬意を表す語であったが、現在では僧衣を着用する人々に若干侮蔑を込めて用いられる。ルーハーニーと比較。

アーレム(alem) 学識のある者。学者。複数形はウラマー(オラマー)。アーレムは世俗的学問の学者にも用いるが、普通ウラマーという場合、宗教学者を指す。

アッラーマ（allamah） あらゆるイスラーム諸学に通じた人に対する尊称。

アーガー（aqa） 人一般、および権力者に対する尊称語。複数形アーガーヤーンは普通宗教学者に対して用いられる。

アーシュラー（'ashura） イスラーム暦第 1 月、モハッラム月 10 日のこと。680 年のこの日、3 代目イマーム、ホセインがカルバラーで殉教した記念日。毎年シーア派の信者の間では、彼の殉教を記念した受難劇が行なわれる。イランでは祝日である。

アタバート（'atabat）　アタバ（敷居）の複数形。南イラクにある聖地。カルバラー、ナジャフ、サーマッラー、カーゼマインなどの都市があり、シーア派の信者にとっては最大級の聖なる地である。旧来、巡礼地としてのみならず、学問の中心地としても栄えた。

アーヤトッラー（ayatollah）「神の徴」の意味。最高位のモジュタヘド（同語参照）のこと。

アザーン（adhan）　礼拝への呼びかけ。宗教法で決められた礼拝の時間を信者たちに知らせるため、モスクのミナレット（尖塔）やその他の場所から呼びかけられる。アザーンを行なう人をムアッズィンという（礼拝時間についてはナマーズを参照）。

バラカ（barakat）「祝福」を意味するが、神が預言者や聖者たちに与えた超人的能力を指して用いられる。聖人、聖者の墓や墓石、その囲い、遺品、遺体にバラカが宿ると信じられ、その力に触れることによって、一般信者に様々な善き霊験が現われるとして、ありがたがられる。

バスト（bast）「聖域」を意味するが、イラン近代史においては、「聖域」に避難する行為としても用いられる。イマームの廟や、モジュタヘドの住居などが利用され、これらの場所に避難した犯罪者や避難者は、何らかの協定が結ばれるまで、追っ手の追及から逃れることができた。後代、政治的に幅広く用いられるようになった。

バーテン（baten）　啓示の内的部分、内的意味。ザーヘル（外的意味）に対する言葉。

チャードル（chador）　婦人の外被。ヴェール。

ドアー（do' a）　祈祷。祈祷一般に用いられる語で、形式化した儀礼的な祈祷、ナマーズに対する（ナマーズ参照）。

ファキーフ（faqih）　法学者。宗教法（シャリーア）の専門家。フィク（法学）から派生。複数形フォカハー。1979年のイラン・イスラーム革命後、ホメイニーなどが用いたヴェラーヤテ・ファキーフ（法学者によるイマームの代理統治）で有名になった。

ファトワー(fatwa)　教令。宗教問題に関する決定、意見。法官(ムフティー)によって発布される。1892年の反タバコ利権に際して出された煙草使用禁止のファトワーが特に有名。

フィク（fiqh）　法学。宗教法（シャリーア）に関する解釈、解説を行なう学問。

ガイバ（ghaiba）　掩蔽、お隠れ。12代目イマームのお隠れ。12イマーム派シーア主義の基本教義の一つ。

ゴスル（ghosl）　完全な儀礼的清め。ワズーともいう。

ハディース（hadith）　文字通りには言説、あるいは伝承の意味。しかし、さらに特殊な意味として、預言者ムハンマドの言説を意味し、イスラームの法解釈における重要な柱の一つである。シーア派においては、これに加えてイマームの伝承（アフバール）があり、ムハンマドの伝承と区別される。

ハッジ（hajj）　メッカへの巡礼のことで、資金を持つすべてのイスラーム教徒は、少なくとも一生に一度は行なわなければならない義務である。資金を持たないものは、その限りではない。

ハラーム（haram）　イスラーム法によって絶対的に禁止された事項。たとえば、飲酒や豚肉を食べることなどがよく知られている。

イジュマー（ijma'）　様々な宗教問題に関するイスラーム共同体（ウンマ）全体の意見の総意。実際的には、宗教学者（ウラマー）たちの意見の一致。

イジュティハード（ijtihad）　宗教的学問、さらに具体的にはイスラーム法に関する諸問題について、学識があり、資格を持った高級宗教学者（モジュタヘド）によって解釈や法的判断が下されること。シーア派のウラマーにこの権限が広汎に認められていることから、スンナ派との相違を論じる際、重要なポイントとされる。スンナ派では、10世紀に「イジュティハードの門は閉ざされた」といわれる。

イマーム（imam）　文字通りには「前に立つ人」。つまり、金曜礼拝などの導師、あるいは共同体の指導者のこと。スンナ派では、この言葉は傑

出した学者に対する尊称として用いられる。しかし、シーア派では、本書で詳しく解説したように、格別に重要な意味を持つ信者共同体の絶対的霊的指導者のことである。

イマームザーデ(imamzadeh)　基本的にはイマームから生まれた者の意味。転じてイマームの子孫、さらにイマームやイマームの子孫に奉納された廟をも意味する。

イマーン（iman）　信仰。

イルファーン（'irfan）　思弁的神秘主義。グノーシス。

ジハード(jihad)　イスラームが信仰されている地域「イスラームの家(ダーロッイスラーム)」から、異教徒の住む「戦争の家（ダーロッハルブ)」への不断の戦争。イスラームを拡大したり、これを防衛するための闘いを意味する。さらに、ジハードには「大ジハード」と「小ジハード」があるとされ、前者は各信者の魂に対する自己浄化の闘いを意味し、後者は通常の意味での聖戦である。

カーフェル（kafer）　異教徒

カラーム（kalam）　イスラーム神学。

カリフ（khalifah）　正しくはハリーファ。「代理」「補佐」。歴史的には、預言者ムハンマドの政治、社会、法的機能の代理人。ただし、預言者の持つ神からの啓示を受ける機能は一切持たない。精神的意味として、すべての創造物の前に神の代理人として立つ普遍的人間。

ハーネガー(khaneqah)　神秘主義者（スーフィー）の宿舎。集会所。道場。

ホムス（khoms）　五分の一税。貧しい預言者の末裔を扶助したり、貧者の救済、宗教設備の維持、学僧たちの学費などに用いられる宗教税。信者たちは、一年の必要経費を差し引いた純益の五分の一を支払う。国家による税の徴収から独立したウラマーの収入源であったため、彼らが分権的勢力として影響力を振るう有力な財源となった。

ホトバ（khotbah）　宗教に関する説話。モスクで金曜日正午の祈祷時に説教僧（ハーテブ）が行なう説教。

マフディー（mahdi） 文字通りには「導かれた者」。しかし、イスラーム史においては、世の終焉の直前に地上に公正と平等をもたらすために送られ、メシア（救世主）の到来を準備する者。スンナ派では、誰がマフディーか明示されていないが、シーア派では、12代目イマームがマフディーである。「時代の主（サーヘボル・ザマーン）」「ホッジャ（徴）」ともいわれる。

マクルーフ（makruh） 五つある法的判断の基準の一つ。宗教的には勧められていないが、禁じられてもいない事項。

マクタブ（maktab） 初級宗教学校。寺子屋風の学校。読み、書きや宗教教育を施した旧式の小学校。現在ではこの語は用いない。

マルジャイ・タクリード（marja al-taqlid） 文字通りには「模倣の源泉」の意味。自らイジュティハードを行使することのできない一般信者が、宗教法に従って行動するとき、その指示を仰ぎ、模範とする宗教的権威（モジュタヘド）。シーア派ではすべての信者は、必ず一人の生きたモジュタヘドをマルジャとして持たなければならない。

ミンバル（minbar） 説教壇。説教者や教師がその上から説教を行なう階段状の台。

モダッレス（modarres） 教師（とくに神学の）。

ムフティー（mufti） 教令を発する権威を持つイスラームの法官。

モジュタヘド（mojtahed） イジュティハード（同語参照）を行使することのできる高級聖職者。宗教法に関する事項について、自らの判断に従って行動し、信者を指導する資格のある人。イラン近代史において、民衆運動の指導者として彼らの果たした役割は特筆に価する。

モッラー（molla） アーホンド（同語参照）の古い用法。昔は字の読める人に対する敬意を表す語として用いられた。宗教階層の下位の者を指す。

モハッラム（moharram） イスラーム暦の第1月の名称。この月の10日にイマーム・ホセインのカルバラーの殉教があったため、シーア派の信者の間では、毎年記念行事（タァズィーエ）が行なわれる。

ムーミン（mu' min） 信者。イマーン（信仰）を持っている人。

ムタ（muta' h） 一時婚。シーア派で認められた一定の期間に限定された結婚のこと。

モカッレド（moqalled） 模倣（タクリード）を行なう人。宗教問題の解決について、自ら独立した判断（イジュティハード）を行使できる模範となる人物（モジュタヘド）に従う人。一般の信者。

モタワッリー（motawalli） 宗教的寄進財（ワクフ）の管財人。ウラマーが選ばれることが多い。

ナビー（nabi） 預言者。不可見世界からの啓示をもたらす人物。警告者としての預言者、ラスールと比較。

ナマーズ（namaz） イスラーム教徒に義務付けられた一日五回の儀礼的礼拝。アラビア語でサラートと呼ばれる。

（時間）	（ペルシア語）	（アラビア語）
1）夜明けから日の出	ナマーゼ・ソブ	サラートル・ファジュル
2）太陽が傾き始める時（正午過ぎ）	ナマーゼ・ペシーン	サラートル・ゾフル
3）日　中（2）4）の間）	ナマーゼ・	サラートル・アスルディーギャル
4）日没後数分	ナマーゼ・シャーム	サラートル・マグリブ
5）夜更け	ナマーゼ・ホフタン	サラートル・イシャー

ナッス 承認。特に、イマームが次のイマームを承認する場合に用いる。公然の承認（ナッセ・ジャリー）と暗黙の承認（ナッセ・ハフィー）がある。また、シーア派では、ムハンマドがアリーを公然と後継者として承認したと見なす。

ピーシュナマーズ（pisnamaz） ペルシア語で礼拝の導師のこと。イマーム。

キブラ（qiblah） 礼拝の時に信者が向くメッカのカーバ神殿のある方向。

キヤース（qiyas） 論理学においては三段論法。宗教学においては、類推的思惟を表す。法学においては、イスラーム法の四法源の一つである。たとえば、ぶどう酒が禁じられていれば、同様の作用をもたらすビールや日本酒も禁止されるべきであると判断する。

ラスール（rasul） 特別なグループの人々に対して、メッセージを伝える

特別な種類の預言者。ナビーと比較。

ラウゼ（rowzeh）　イマームの殉教、中でも3代目イマーム、ホセインのカルバラーにおける殉死に関する詩の朗詠。ホセイン・ヴァーエズ・キャスィーフィー（1504-5, 没）の作品『殉教者の園』に起源をもつ。

ラウゼ・ハーニー（rowzehkhani）　ラウゼを朗詠すること。また、ラウゼを詠唱する人は、ラウゼハーンという。

ルーハーニー（ruhani）　僧衣を着ている人々に対する総称。聖職者。アーホンドとは対照的に、聖職者を尊敬して用いる言葉。また、聖職者自身も用いる。

サフメ・イマーム（sahm-e imam）「イマームの取り分」の義。信者が一年の純益の五分の一を捧げるホムス（同語参照）の中の一項目。実質的にこの金子は国家から独立して、ウラマー、特にマルジャイ・タクリード（同語参照）の自由裁量で用いられるので、彼らの影響力の経済的基盤となった。

サラート（salat）　礼拝。ナマーズの項を参照。

ソウム（sawm）　断食

セイエド（sayyid）　預言者ムハンマドの末裔と信じられている人々。緑または黒のターバンを着用する。

シャハーダ(shahadah)　信仰告白。ラーイラーハ・イッラッラー(アッラーの他に神なく)、ムハンマドウン・ラスールッラー（ムハンマドは神の使徒である）の二つの部分からなる。

シャイフ（shaykh）　現在ではルーハーニーと同じ意味で用いられるが、セイエドではない人。白のターバンを身に着ける。

シャリーア（shari' ah）　イスラーム法。本来水場に向かう道を意味する。転じて、信者がこれに従えば、神の許に至る道を表す。大きく儀礼的規定（イバーダート）と、民法刑法的規定（ムアーマラート）からなる。イスラーム法は実定法ではなく、神与の法であり、不易を原則とする。

スンナ（sunnna）　預言者ムハンマドによって行なわれた模範的な慣例、

言説、行動のこと。

タァズィーエ（ta’ zieh）　死者に対して哀悼の気持ちを表すこと。特にシーア派においては、イマーム・ホセインがカルバラーの野で殉死したことを記念して劇的に表現すること。受難劇。

タウヒード（tawhid）　神の唯一性。イスラーム教の最も基本となる概念。

タキーア（taqieh）　シーア派の信者が信仰が理由で生命財産の危機に曝された場合、みずからの信仰を隠しても良いこと。

タクリード（taqlid）　模倣。学識のある人物に従うこと。12 イマーム派では学識のあるモジュタヘドに従うことは、すべての信者に課せられた義務である。スンナ派では、盲目的に過去の権威に従う意味で用いられ、同派の硬直化の原因になったとされる。

タクリーフ（taklif）　義務。道徳的義務。

タフスィール（tafsir）　コーランの注釈。

タラベ（talabeh）　複数形トッラーブ。宗教を学習する学生。学僧。

タリーカ（tariqah）　イスラーム神秘主義における神の真理への道。また、霊的に神の真理を悟るために必要な訓練を目的とする神秘主義教団のこと。

ウラマー（‘ulama）　アーレムの複数形。宗教に通じた人。宗教学者。本来複数形であるが、研究者の間では、一般に単数を表す場合にも用いられる。

ウンマ（unmma）　イスラーム共同体。その信者がイスラームの啓示、ならびに預言者ムハンマドの伝承を真理として受け入れることが特徴。最も理想的なウンマは、ムハンマドが 622 年にメディナに移住した際にできた信者共同体である。

ウスール（usul）　宗教法の原則。法的権威の源泉。この源泉に依拠して法学における演繹を行なう。

ヴェラーヤテ・ファキーフ（velayat-e faqih）　最後の 12 代目イマームの「お

隠れ」の期間に宗教学者が、イマームの代理として信者共同体の指導者として機能することを認める理論。その程度に応じて、様々な解釈がある。

ワーエズ（va' ez） 説教僧。講演者。

ワージェブ（vajeb） イスラーム法によって行なうことが義務として定められている事項。ハラーム（絶対禁忌）の反対。

ワクフ（vaqf） 人に譲渡できない宗教的寄進財。宗教的、あるいは慈善的目的で設定される。また、家族内における保有権を確保するために設定される。土地、家屋など、不動産が中心である。

ワズー（vazu'） ナマーズ（礼拝）に先立って行なわれる、水または水がない場合砂などによって行なわれる清め。

ザーヘル（zaher） バーテン（内的意味）に対して、啓示あるいは神の真理の外的側面。したがって、シャリーア（イスラーム法）そのものをさして用いられる場合がある。

ザカート（zakat） 「浄めの税」の意味。喜捨。コーラン9章60節に従って、イスラーム教徒の財産に対して課される税金。用途は、貧しい巡礼者、托鉢僧、借金を返済できない者、乞食などに対する援助である。

ズィヤーラット（ziyarat） カーバ神殿以外の聖地、特にイマームやその一族の墓所を訪れること。

ゾルム（zolm） 不正、不義。アドルに対置される。特にシーア派では不正な支配者を排除することを容認する傾向が見られた。

中東主要国における宗派の分布

国　名　　　　　　人　口（調査年）
　分　布（調査年）

アフガニスタン　　24,792, 000(1998)
　スンナ派 84%、シーア派 15%、その他 1%　(1990)

アゼルバイジャン　7,650, 000(1998)
　シーア派 70%、スンナ派 30%　(1991)

バフライン　　　　633, 000(1998)
　イスラーム教徒 81.8%（シーア派 61.3%、スンナ派 20.5%)、キリスト教徒 8.5%、その他 9.7%　(1991)

インド　　　　　　984,004, 000(1998)
　ヒンズー教徒 81.3%、イスラーム教徒（スンナ派 9%、シーア派 3%)、キリスト教 2.3%、シーク教徒 1.9%、仏教徒 0.8%、ジャイナ教徒 0.4%、ゾロアスター教徒 0.01%、その他 1.3%　(1995)

イラン　　　　　　61,531, 000(1998)
　イスラーム教徒 99%（シーア派 93.4%、スンナ派 5.6%)、キリスト教徒 0.3%、ゾロアスター教徒 0.05%、ユダヤ教徒 0.05%　(1995)

イラク　　　　　　21,722, 000(1998)
　イスラーム教徒 97%（シーア派 62.5%、スンナ派 34.5%)、キリスト教徒 2.7%、その他 0.3%　(1994)

ヨルダン　　　　　4,682, 000(1998)
　スンナ派 96.5%、キリスト教徒 3.5%　(1995)

クウェート　　　　1,866, 000(1998)
　イスラーム教徒 85%（スンナ派 45%、シーア派 30%、その他 10%)、その他 15%　(1990)

レバノン　　　　　3,506, 000(1998)
　イスラーム教徒 55.3%（シーア派 34%、スンナ派 21.3%)、キリスト教徒 37.6%　(1995)

オマーン　　　　　2,364, 000(1998)
　イスラーム教徒 87.7%（イバーディー派 75%、他スンナ派、シーア派)、ヒンズー教徒 7.4%、キリスト教徒 3.9%、仏教徒 0.5%、その他 0.5%　(1993)

パキスタン　　　　141,900, 000(1998)

イスラーム教徒95%（大半はスンナ派、シーア派約20%）、キリスト教徒2.0%、ヒンズー教徒1.8%、その他1.2%　(1993)

サウジアラビア　　20,786, 000(1998)

スンナ派93.3%、シーア派3.3%　(?)

シリア　　15,335, 000(1998)

イスラーム教徒86%（スンナ派74%、アラウィー派（シーア派）12%）、キリスト教徒8.9%、ドゥルーズ派3%、その他1%　(1992)

タジキスタン　　6,112, 000(1998)

イスラーム教徒85%（スンナ派80%、シーア派5%）、ロシア正教1.5%、ユダヤ教徒0.1%、その他13.4%　(1995)

トルコ　　64,567, 000(1998)

スンナ派80%、シーア派19.8%（アラウィー派14%）、キリスト教徒0.2%　(1994)

アラブ首長国連邦　　2,744, 000(1998)

スンナ派80%、シーア派16%、その他4%　(1995)

イエメン　　18,260, 000(2000)

スンナ派60%、シーア派40%、その他0.1%　(1995)

Mohammad Ali Shomali, Discovering Shi'i Islam, Jami'at al-Zahra, Qom, 2003, pp.63-71を主に参照した。エジプトに関する情報は見られない。

シーア派に関する主な事件

622年　ムハンマドメディナに移る（ヒジュラ）、イスラーム共同体の開始
632年　ムハンマド没
656年　アリーがカリフになる
661年　アリー暗殺、ウマイヤ王朝の成立
669年　イアーム・ハサン没
680年　カルバラーの殉教、イマーム・ホセイン没
684年　タッワーブーンの反乱
686年　ムフタールの反乱
713年　イマーム・ザイヌルアーベディーン没
735年　イマーム・ムハンマド・バーケル没
750年　アッバース王朝の成立
765年　イマーム・ジャファル・サーデク没
799年　イマーム・ムーサー・カーゼム没
816年　イマーム・アリー・レザーがアッバース朝カリフの後継者に任命される
818年　イマーム・アリー・レザー没
835年　イマーム・ムハンマド・タキー没
868年　イマーム・アリーハーディー没
873年　イマーム・ハサン・アスカリー没
874年　12代目イマームの「お隠れ」、「小さなお隠れ」開始
934年　シーア派の王朝ブーヤ朝の成立
940年　ムハンマド・クライニー（伝承学者）没
941年　「大きなお隠れ」開始
945年　ブーヤ朝バグダードを攻略
991年　イブン・バーブーイェ（伝承学者）没
1055年　セルジューク朝バグダードを攻略
1067年　シャイフ・トゥースィー（伝承学者）没
1258年　モンゴル軍バグダードを攻略

1277年　ムハッキク・ヒッリー（法学者）没

1309年　モンゴルの支配者ウルジャイトゥーシーア派信者となる

1325年　アッラーマ・ヒッリー（法学者）没

1380年　チームール朝成立

1501年　サファヴィー朝成立

1597年　シャー・アッバース首都をエスファハーンに移す

1699年　モッラー・ムハンマド・バーケル・マジュリスィー（神学者、伝承学者)、没

1722年　アフガン軍エスファハーンを攻略

1747年　アフシャール朝成立

1750年　ザンド朝成立

1785年　カージャール朝成立

1793年　ヴァヒード・ベフベハーニー（アフバーリー派壊滅の立役者）没

1816年　ミールザー・クミー（法学者）没

1864年　シャイフ・モルタザー・アンサーリー（法学者）没

1891年　反タバコ利権闘争（翌年勝利）

1895年　ハサン・シーラーズィー（タバコ闘争の立役者）没

1905年　イラン立憲革命（－11年）

1907年　ファズロッラー・ヌーリー処刑

1932年　イラク独立

1937年　アブドル・カリーム・ハーエリー（コム復興の立役者）没

1961年　アーヤトッラー・ボルージェルディー（最後のマルジャイ・タクリード）没

1963年　イラン国王シャーに対する抗議運動（翌年ホメイニー国外追放）

1979年　イラン・イスラーム革命

モタッハリー暗殺

1980年　ムハンマド・バーケル・サドル（イラク人のシーア派思想家）処刑

1989年　ホメイニー没

12イマーム派シーア主義基礎信条

シーア派の信者が簡単に基礎的信条を学ぶことができる小冊子が、マシュハドやコムなどの聖地で販売されている。本書で解説した12イマーム派シーア主義について、必要最低限度の知識が、それらの小冊子では、問答形式で分かりやすく説明されている。ここでは一例を紹介しよう。

【質問】タクリードとは何ですか。

【答え】タクリードとは、モジュタヘドではない人々が、公正で学識のある現在生存しているモジュタヘドに模範として従うことです。すなわち、聖なるコーランと伝承（akhbar）に従って決定された智識や判断を行うことです。さもなければ、タクリードをせず、頑迷なままの人々の行為、信仰は無効となります。

イスラームの宗教ならびに（シーア）派の原理は5つあります。

(1)　タウヒード（神の唯一性）

(2)　公正（正義, ‘adl)）

(3)　預言者（ nobowwat ）

(4)　イマーム（ imamat ）

(5)　復活

タウヒード、預言者、復活は（イスラームという）宗教の原則（osul-e din）であり、公正とイマームは（シーア）派の原則（ osul-e mazhhab）です。

【質問】タウヒードとは何ですか。

【答え】つまり、被造物の創造者である神の唯一性を信じることです。

【質問】公正とは何ですか。

【答え】すなわち、公正なる神のすべての業は、下僕たちの福利（maslahat）と善（salah）を実現するためであることを信じることです。

【質問】預言者とは何ですか。

【答え】つまり、全能の神が預言者たちを下僕たちを導くために送られたこと、さらに、それらの預言者の第一番目はアダムであり、その最後がムハンマド・b・アブドッラー（彼に祝福があるように）であること、さらに、彼の宗教は復活の時まで続くことを信じることです。

【質問】イマームとは何ですか。

【答え】つまり、全能の神が預言者のために後継者を定めたこと、さらに（その後継者が）預言者の亡くなったあと、彼の宗教を保持し、その教えを人々に伝えることを信じることです。

【質問】復活とは何ですか。
【答え】至高の神がこの世界以外に復活と呼ばれる別な世界を定めたこと、さらに、この世界が終った後に、神はすべての者を計算（審判）のために、生き返らせることを信じることです。そして、善を行った者を天国へ、悪を行った者を地獄へ入れること、従って、すべての者は、自らの行為の責任を負うことを信じることです。

【質問】預言者の後継者であるイマームとは何人で、それは誰のことですか。
【答え】12人で、以下のとおりです。

(1) アリー・b・アビーターレブ
(2) ハサン（「信者の長」つまりアリーの長男です）
(3) ホセイン（「信者の長」の次男です）
(4) ザイヌル・アーベディーン（イマーム、ホセインの子供です）
(5) ムハンマド・バーケル（ザイヌル・アーベディーンの子供です）
(6) ジャファル・サーデク（ムハンマド・バーケルの子供です）
(7) ムーサー・カーゼム（ジャファル・サーデクの子供です）
(8) レザー（ムーサー・カーゼムの子供です）
(9) ムハンマド・タキー（レザーの子供です）
(10) アリー・アンナキー（ムハンマド・タキーの子供です）
(11) ハサン・アスカリー（アリー・アンナキーの子供です）
(12) 隠れイマーム、ホッジャット（ハサン・アスカリーの子供です）

【質問】宗教の義務とはいくつありますか。また、それは何ですか。
【答え】10あります。

(1) 礼拝（namaz）
(2) 断食（rouzeh）
(3) 五分の一税（khoms）
(4) ザカート（zakat）
(5) 巡礼（hajj）
(6) ジハード（聖戦 jihad）

(7)　善を勧め（amr bi-ma’ ruf）
(8)　悪を禁じる（nahi az munkar）
(9)　友好（tawalla, 預言者とイマームを愛すること）
(10)　純粋さ（tabarra、宗教の敵と一線を画すこと）

参考文献一覧
(日本語，英語の基本的文献のみ)

Akhavi, Shahrough, *Religion and Politics in Contemporary Iran Clergy-State Relations in the Pahlavi Period*, State University of New York Press, 1980.

Algar,H. *Religion and State inIran, 1785-1906, The Role of the Ulama in the Qajar Period*, University of California Press, 1969.

'Ali b. Abi Taleb, *Nahj al-Balaghah,* tr. by Syed Mohammed Askari Jafery, Tahrike Tarsile Qur' an, 1981.

Ayoub, Mahmoud, *Redemptive suffering in Islam A Study of the Devotional Aspects of 'Ashura in Twelver Shi' ism*, Mouton Publishers, 1978.

Browne, Edward G. *Thje Persian Revolution of 1905-1909*, Frank Cass & Co. Ltd. 1966.

Chittick, William C. *A Shi' ite Anthology, ed. and tr. by Chittick*, State University of New York Press, 1980.

Cole, Juan, *Sacred Space and Holy War, The Politics, Culture and History of Shi' ite Islam*, I.B.Tauris, 2002.

ファルギー・アーマド,『イラン“神の革命”の内幕』弥永康夫訳, 朝日イーブニングニュース社，1979.

Fyzee,Asaf A.A. *Outlines of Muhammadan Law*, Oxford University Press, 1960.

Goldziher, Ignaz, *Introduction to Islamic Theology*, tr. by Andras and Ruth Hamori, Princeton University Press, 1981.

ハインツ・ヌスバウマー『ホメイニー　おいたちとイラン革命』アジア現代史研究所訳，社会思想社，1981.

井筒俊彦『コーラン　上中下』岩波書店，1973.

加賀谷寛　『イラン現代史』近藤出版社，1975.

Khomeini,Musavi, *The Greatest Jihad, Combat with the Self*, tr. by

Muhammad Legenhausen and ‘Azim Sarvdalir, The Institute for Compilation and Publication of Imam Khomeini’ s works, 2003.

Kohlberg, Etan, *Belief and Law in Imami Shi’ ism*, Variorum, 1991.

Jafri, S.H.M. *The Origins and Early Development of Shi’ a Islam*, Longman 1979.

Keddie, Nikki, *Religion and Rebellion in Iran, the Iranian Tobacco Protest of 1891-1892*, Frank Cass & Co. Ltd. 1966.

— *Scholars, Saints, and Suifis Muslim Religious Institutions in the Middle East since 1500*, Keddie ed. University of California Press, 1972.

— *Roots of Revolution an Interpretive History of Modern Iran*, Yale University Press, 1981.

— *Shi’ ism and Social Protest*, ed. by Juan Cole and Nikki R. Keddie, Yale University Press, 1986.

Litvak, Meir, *Shi’ I Scholars of nineteenth-century Iraq, The ‘Ulama of Najaf and Karbala’*, Cambridge University Press, 1998.

Mcdermott, Martin J. *The Theology of Al-Shaykh Al-Mufid(d.413/1022)*, Dar El-Machreq Editeurs, 1986.

Moin, Baqer, *Khomeini Life of the Ayatollah*, I.B.Tauris, 1999.

Momen, Moojan, *An Introduction to Shi’ i Islam The history and Doctrines of Twelver Shi’ ism*, Yale university Press, 1985.

中村元 『講座　東洋思想　イスラムの思想』（嶋田襄平）東京大学出版会, 1969.

Nasr, Seyyed Hossein, *An Introduction to Islamic Cosmological Doctrines*, Shambhala, Boulder, 1978.

— *Knowledge and the Sacred*, Crossroad, New York, 1981.

— *Islamic Life and Thought*, State University of New York Press, 1981.

— *Shi’ ism Doctrines, Thought, and Spirituality*, ed. and annotated by Nasr, Hamid Dabashi, Seyyed Vali Reza Nasr.

— *Shi’ ite Islam (‘Allamah Sayyid Muhammad Husayn Tabataba’ i)*

Translated from the Persian and Edited with an Introduction and notes
— *Sadr al-Din Shirazi and His Transcendent Theosophy Background, Life and Works*, Imperial Iranian Academy, 1978.
Rahman, Fazlur, The Philosophy of mulla Sadra (Sadr al-Din Shirazi), State University of New York Press, 1975.
Richard, Yann, *Shi' ite Islam*, tr. by Antonia Nevill, Blackwell, 1995.
— *Le Shi' isme en Iran Imam et Revolution*, Librairie D' Amerique et D' Orient, 1980.
Sachedina, Abudulraziz, *Comprehensive Authority of the Jurist in Imamite Jurisprudence*, Oxford University Press, 1988.
— *Islamic Messianism The Idea of the Mahdi in Twelver Shi' ism*, State University of New York Press, 1981.
Shari' ati, Ali, *On the Sociology of Islam, tr. by Hamid Algar*, Mizan Press, 1979.
— *Marxism and Other Western Fallacies, An Islamic Critique*, tr. by R.Campbell, Mizan Press, 1980.
Shaykh al-Mufid, Kitab al-Irshad, The Book of Guidance into the Lives of the Twelve Imams, tr. by T.K.A.Howard, Balagha Book, 1981.
嶋本隆光「イラン立憲革命（1905-1911）初期におけるウラマーの役割と公正（' adl）について」,『アジア経済』第22巻第6号，1981.
—「12イマーム派シーア主義におけるイマーム・アリーの位置について—イラン人ムスリムの場合—」,『国立民族学博物館研究報告』10巻3号，1985.
—「バスト考—イラン近代史における宗教的慣習の一考察—」,『オリエント』第28巻第2号，1985.
—「ワクフ考—12イマーム派シーア主義における理論と実際（19世紀のコム市を中心に）—」,『日本中東学会年報』no.2,1987.
—「ハザラテ・マースーメ（無謬なる貴婦人）の受難劇」,（翻訳）『世界口承文芸研究』第9号（大阪外国語大学交渉文芸研究会），1987.
—「19世紀のコム（Qom）市—王朝の庇護と宗教都市の発展—」,『オ

リエント』第 30 巻第 1 号，1987.
— Re-Evaluation of Shaykh Fazl al-Lah-e Nuri' s Position in the Constitutional Revolution in Iran, *Orient*, vol. 23, 1987.
— Society and Economy of Qom in the Latter Half of the 19th Century Iran, *Orient*, vol. 24, 1988.
— 「タァズィーエ考—カージャール朝イランにおける宗教と歴史の相関についての一考察—」，『オリエント』第 33 号第 1 号，1990.
— 「四代目イマーム・ザイヌルアーベディーンとイラン—サファヴィー朝期以降のペルシア語資料を中心にして—」，『日本オリエント学会創立 30 周年記念　オリエント学論集』，1990.
— Some Reflections on the Origin of Qom — Myth and History —, *Orient*, vol. 27, 1991.
— 「イスラームの商業倫理（理論と実際）— 12 イマーム派シーア主義の場合，19 世紀のイランを中心に—」，『日本中東学会年報』第 7 号，1992.
— 「宗教学者の権威の確立とイランの近代—二つの革命の底流—」，『岩波講座　世界歴史 21 イスラーム世界とアフリカ』岩波書店，1998.
— 「モルタザー・モタッハリー（1919 – 1979）の社会，倫理思想の理解に向けて」，『大阪外国語大学言語社会学会誌　EX　ORIENTE』，vol.1, 1999.
— 「神の公正（'adl-e elahi）の現代史的意義— M. モタッハリー（1919 – 79）の神義論—」，『大阪外国語大学論集』，第 23 号，2000.
— 「モルタザー・モタッハリーの近代西洋唯物主義（無神論）批判　B. ラッセル批判を中心に」，『EX　ORIENTE』，2001.
— イスラーム哲学者が見たキリスト教— M. モタッハリーの場合—，『基督教研究』第 64 巻第 1 号，2002.
— 『イスラームの商法と婚姻・離婚法　「諸問題の解説（Towzih al-Masa' el）」翻訳と解説』，大阪外国語大学学術研究双書，2002.
— 『イスラームの祭り』監訳，法政大学出版局，2002.
— 「モルタザー・モタッハリー「イスラームにおけるイジュティハードの原則」」（翻訳），『大阪外国語大学論集』，第 28 号，2003.
— 「史的唯物論とイスラーム— M. モタッハリーのイスラーム的世界

観ー」,『大阪外国語大学論集』, 第 30 号, 2004.
— 「モルタザー・モタッハリーの生涯」,『大阪外国語大学論集』, 第 31 号, 2005.
— 「モルタザー・モタッハリー　宗教学者の経済基盤と組織化（宗教階層の組織化における基本的問題)」(翻訳),『大阪外国語大学論集』, 第 33 号, 2005.
— 「12 イマーム派シーア主義における指導者論—モルタザー・モタッハリーによるイマーム論と宗教学者（ウラマー)」『一神教学際研究 2』, 同志社大学　一神教学際研究センター, 2006.
— 「イスラームと戦争— M・モタッハリーの大ジハード論と小ジハード論」,『法の理論 25』(特集：戦争, テロ, 平和, 正義), 2006.
Shirazi, Asghar, *The Constitution of Iran Politics and the State in the Islamic Republic*, tr. by John O' Kane, I.B.Tauris Publishers, 1997.
Shomail, Mohammad Ali, Discovering Shi'i Islam, Jami'at al-2ahra, Qom, 2003.
Sobhani, Ja' far, Doctrines of Shi' i Islam, *A Compendium of Imami Beliefs and Practices*, I.B.Tauris, 2001.
Soudavar Diba, Layla (and others), *Religious Inspiration in Iranian Art*, Negarestan Museum, 1978.
Sykes, Percy M. *The Glory of the Shia World*, Arno Press, 1973.
富田健次　『アーヤトッラーたちのイラン　イスラーム統治体制の矛盾と展開』第三書館, 1993.
— 『イスラーム統治論・大ジハード論』ホメイニー著, 翻訳, 平凡社, 2003.

嶋本　隆光（しまもと　たかみつ）

1951 年生まれ.
大阪外国語大学ペルシア語学科卒業.
UCLA 歴史学科大学院修了.
現在，大阪外国語大学教授
専攻はイスラーム現代思想で，イスラームのシーア派に関する日本でも有数の研究者である.

【主な著訳書】
『人々のイスラーム―その学際的研究』（共著，日本放送出版協会）
『岩波講座 世界歴史 21 イスラーム世界とアフリカ』（共著，岩波書店）
『イスラームを学ぶ人のために』（共著，世界思想社）
『イスラームの商法と婚姻法』（翻訳，大阪外国語大学学術研究叢書）
『イスラームの祭り』（監訳，イスラーム文化叢書）法政大学出版局
その他，イランのイスラームに関する論文多数.

シーア派イスラーム　神話と歴史　学術選書 023

2007 年 4 月 10 日　初版第 1 刷発行

著　　　者…………嶋本　隆光
発　行　人…………本山　美彦
発　行　所…………京都大学学術出版会
京都市左京区吉田河原町 15-9
京大会館内（〒 606-8305）
電話（075）761-6182
FAX（075）761-6190
振替 01000-8-64677
URL http://www.kyoto-up.or.jp

印刷・製本…………㈱太洋社
装　　　幀…………鷺草デザイン事務所

ISBN 978-4-87698-823-5
定価はカバーに表示してあります
Printed in Japan